액션러닝 코치 입문
- 이론과 실제

송철범 조직학습연구소장

Western Illinois 대학교 대학원에서 MBA를 받았고, 한양대학교 대학원에서 박사과정(인사 · 조직 전공)을 수료했다. 2년을 지방공무원으로 보낸 후 KT에 공채 1기로 입사하여 22년간 근무했다. 일본 현지법인을 포함하여 다양한 직무를 수행했고 비즈니스전략담당(상무)을 마지막으로 자원 퇴사했다. 중소기업을 창업하여 4년여 경영했고, 최근 몇 년은 경영컨설턴트 및 액션러닝 코치로 활동하고 있다.
주 전공 분야는 조직문화, 리더십, 학습조직, 지식경영이며 "사람이 어떻게 하면 지혜롭게 살 수 있을까?" 하는 화두를 안고 산다.
E-mail: ungsong1@daum.net

액션러닝 코치 입문
-이론과 실제

2011년 11월 5일 초판 1쇄 발행
2014년 8월 15일 초판 2쇄 발행

지은이 | 송철범
펴낸이 | 이찬규
교정교열 | 정난진
펴낸곳 | 북코리아
등록번호 | 제03-01240호
주소 | 462-807 경기도 성남시 중원구 사기막골로 45번길
　　　14 (우림2차) A동 1007호
전화 | 02-704-7840
팩스 | 02-704-7848
이메일 | sunhaksa@korea.com
홈페이지 | www.북코리아.kr
ISBN | 978-89-6324-149-4 (93320)

값 15,000원

액션러닝 코치 입문

– 이론과 실제

송철범 지음

북코리아

머리말

1990년 피터 센게(Peter Senge)가 《제5경영(The Fifth Discipline)》이라는 책을 발간하고 이듬해 노나카 이쿠지로(Nonaka Ikujiro)가 〈지식창조회사(The Knowledge Creating Company)〉라는 논문을 발표했습니다. 조직과 경영에 대한 새로운 패러다임의 시작을 알린 것입니다. 이제 학습조직과 지식경영은 급속한 변화와 불확실한 환경에 대응하는 경영 대안으로 선택이 아닌 필수가 되어가고 있습니다.

그런데, 말로는 익숙한 학습조직과 지식경영이 기업 조직과 경영 활동에 있어서 구체적으로 어떻게 구현되는지에 대해서는 대부분 막연해합니다. 필자는 그 답 중 하나를 액션러닝에서 찾으려 하였고 거의 찾았습니다. 필자는 오랜 경험과 학습을 통하여 나름 조직과 경영에 대한 통찰과 직관을 지녔다고 생각합니다. 현재까지 나온, 학습조직과 지식경영을 구현하는 데 도움이 되는 경영혁신 프로그램 중에서는 액션러닝이 가장 효과적이라고 믿습니다.

학습조직과 지식경영은 기본적으로 사람을 가장 중요한 자산으로 여기고 사람을 경영의 핵심에 둡니다. 단순하게 말하면 조직의 구성원들이 똑똑해지고 열정으로 가득 차면 조직은 영속적으로 성장 발전할 수 있다고 가정합니다. 액션러닝이 그렇습니다. 액션러닝은 어떻게 하면 조직 구성원들이 똑똑하고 열정에 가득 찬 리더가 되는가를 추구합니다.

현장에서 액션러닝 코치로 활동하면서 필자는 단순한 생각에 이르렀습니다. 조직이 지속적으로 성장하고 그 구성원들이 삶의 질을 높이는 유력한 방법 중의 하나는 그들이 액션러닝에 참여하고 그들 모두가 액션러닝 코치가 되는 것입니다. 학습조직은 액션러닝 코치들이 일하는 조직이고 지식경영은 그들이 일하는 방식입니다.

액션러닝은 1990년대 중반 우리나라에 들어왔습니다. 많은 기업들과 공공조직, 학교에서 액션러닝을 경영혁신 프로그램으로, 핵심인재 양성과정으로, 문제해결 도구로 도입하였습니다. 그러나 액션러닝의 성공적 운영에 결정적 역할을 하는 코치는 별로 양성되지 못했습니다. 사내 코치의 숫자를 파악하는 것은 쉽지 않지만 전문코치는 셀 수 있을 정도입니다.

코치들이 많이, 빨리 탄생하는 데 일조하자는 것이 이 책을 쓰게 된 동기이자 목적입니다. 이 책은 학문적 저술이 아닙니다. 액션러닝 코치가 되고자 하는 사람들을 위한 입문용 실무서입니다. 물론, 액션러닝을 운영하는 HRD 부서 담당자, 전문코치, 사내코치, 학자, 학생들이 읽어도 도움이 될 것입니다. 개방적이고 유연한 체제인 액션러닝의 현장 경험은 새로운 관점을 제공하리라 기대합니다.

이 책을 쓰는 목적에 맞게 필자는 철저하게 러닝코치의 관점을 유지했습니다. 현장 경험에 대한 성찰과 피드백의 결과를 책에 담으려고 노력했습니다. 필자가 액션러닝을 처음 배우고 전문코치로서 현장에 나갔을 때 필자가 부족해했고 곤란해했던 점, 필요로 했던 것들이 반영됐습니다. 책 내용은 필자가 실제로 액션러닝 프로그램을 운영한 순서대로 구성하였고, 이론적 지식보다는 경험한 내용을 바탕으로 기술함으로써 실용성과 현장감을 높였습니다.

전체적으로 책의 내용을 간결하게 하려고 애썼습니다. 액션러닝에 입문하는 코치들이 알아야 할 최소한의 기본 개념과 운영 노하우, 문제해결 스킬과 도구를 펼쳐보이는 데 주안점을 두었습니다. 숙련된 코치가 되기 위해 추가적으로 참고하거나 읽을 필요가 있는 자료나 도서는 부록에 정리해두었습니다. 결정적인 것은 역시 현장 경험의 축적이 아닐까요?

경험은 주관적입니다. 지식, 통찰, 직관도 기본적으로 주관적입니다. 필자는 이 책의 내용이 '액션러닝은 이렇게 해야 한다'라고 이해되지 않기를 바랍니다. 그저 러닝코치에 입문하고자 하는 분들에게 유용한 간접 경험을 제공하여 실무에 참고가 되고자 할 뿐입니다. 액션러닝의 핵심 장점 중의 하나는 그 체제의 개방성과 유연성입니다. 액션러닝의 기본철학과 방법론을 크게 벗어나지 않는다면 문제와 상황, 코치의 통찰에 따라 다양하게 접근할 수 있을 것입니다.

제1장은 액션러닝의 철학, 개념, 요소 등 프로그램의 기본적 이해에 필요한 내용을 소개했습니다. 이 부분은 가급적 검증된 일반 이론의 토대 위에 필자의 경험을 간략히 정리했습니다. 상세한 내용은 독자들의 관심에 따라 추가 공부를 위한 부분으로 남겨두었습니다.

제2장 '액션러닝 프로그램의 설계'는 전문 러닝코치가 프로그램

을 새로 운영할 때 맨 처음 하는 일이며 입문 코치들에게는 커다란 도전일 수 있습니다. 프로그램의 도입 목적, 문제의 성격, 운영 기간 등에 따라 다양한 접근이 필요할 것입니다. 설계는 액션러닝의 역동성을 고려하면 방향성을 잃지 않을 정도의 기본적인 사항을 정해두는 것으로 충분합니다. 꼭 필요한 기본적 내용들을 설명했습니다.

제3장 오리엔테이션은 학습과 문제해결 활동을 원활히 하기 위한 사전 활동입니다. 학습팀원들에게 액션러닝의 개요, 문제해결 프로세스 등을 설명하고 팀빌딩, 과제를 선정하며 경청, 질문, 피드백 등 팀학습 기술을 훈련시킵니다. 액션러닝의 실질적 시작 단계로서 프로그램의 성공 여부에 커다란 영향을 줄 수 있으므로 12시간 동안에 소화할 내용을 상세히 기술했습니다.

제4장은 팀학습과 문제해결 활동입니다. 팀학습 세션과 인터세션 현장활동을 팀활동의 진행 단계에 따라 구체적으로 기술했습니다. 필자가 실제로 현장에서 수행한 내용을 입문 코치의 학습에 적합하게 재구성했습니다. 실무적으로 이 과정은 상당히 도식화·구조화된 방식으로 운영되는 것이 보통인데 지나치면 액션러닝의 유연성과 창의성을 해칠 우려가 있습니다. 독자들은 필요에 따라 어떤 접근 방법도 가능하다는 전제하에 읽어야 할 것입니다.

이 책은 필자만의 노력으로 쓰여진 것이 아닙니다. 필자에게 액션러닝을 지도하고 피드백 해준 수많은 분들과 액션러닝의 연구에 매진해온 선학들의 도움이 있었습니다. 그분들에 대한 감사의 표시를 뉴튼이 한 말로 대신합니다. "내가 좀 더 멀리 볼 수 있다면 그것은 거인의 어깨 위에 서 있기 때문이다." 특히, 필자에게 최초로 액션러닝을 가르

쳐준 한국액션러닝협회 회장 봉현철 교수, 부회장 김형숙 박사, BAC연구소장 이병수 박사께 깊은 감사의 말씀을 올립니다. 책의 방향과 내용 구성에 관해 깊은 통찰을 나누어준 (주)CNC리더스 연해정 대표, 복잡한 자료를 정리하고 꼼꼼히 조언해준 정충식 코치, 수시로 자문에 응해준 한양사이버대학교 엄기준 교수께도 신세 갚을 날을 기약합니다. 마지막으로 이 책을 출간해 주신 북코리아 이찬규 대표님께도 감사드립니다.

　　이 책의 내용에 흠이 있다면 전적으로 필자의 책임입니다. 질책을 겸허히 듣고 더욱 정진하겠습니다. 모쪼록 저의 일천한 경험의 기록이 액션러닝의 발전에 작으나마 도움이 되길 기원합니다.

2011년 9월 한가위 전야에

송 철 범

CONTENTS

CONTENTS

액션러닝의 이해

① 액션러닝의 개념

　　액션러닝의 정의는 다양하지만 이것이 러닝코치의 실무적 활동에 별다른 차이를 초래하는 것 같지는 않습니다. 차이가 있다면 이는 코치 개인의 경험과 통찰의 결과일 것입니다. 액션러닝의 세계적 대가인 마이클 마쿼트(Michael Marquardt) 교수의 정의를 소개합니다. "소규모로 구성된 한 집단이 기업이 직면하고 있는 실질적인 문제를 해결하는 과정에서 학습이 일어나고 그 학습을 통해서 각 그룹 구성원은 물론 조직 전체에 혜택이 돌아간다. 액션러닝은 성공적인 리더와 팀, 조직을 개발하는 능력을 가진 문제해결 도구이다." 우리나라에서 러닝코치를 양성하는 교육 프로그램을 운영하고 있는 한국액션러닝협회의 교재에 실려 있는 봉현철 교수의 정의도 참고할 만합니다. "액션러닝이란 교육 참가자들이 학습팀을 구성하여 스폰서 또는 자기 자신이 꼭 해결하고자 하는 실존하는 과제를 팀 전체 또는 각자가 주체가 되어 러닝코치와 함께 정해진 시점까지 해결하거나 과제해결 방안을 도출하는 동시에 그 과정에서 지식습득, 질문, 피드백 그리고 성찰을 통하여 과제의 내용 측면과 과제해결의 과정 측면을 학습하는 프로세스이다." 위 정의들을 간단히 정리

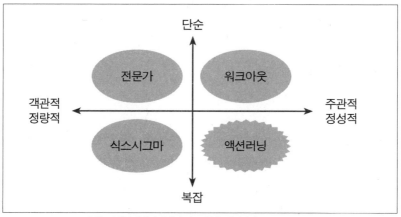

출처: 이태복, 《액션러닝의 성공원칙》(패러다임, 2005), 84쪽.

하면 액션러닝은 '소규모 팀이 과제를 해결하면서 학습하는 프로세스'입니다.

집단을 구성하여 문제를 해결하거나 학습하는 프로세스가 여럿 있습니다. 이들과의 차이점을 이해하면 액션러닝의 모습이 좀 더 잘 그려질 것입니다.

GE 사는 위의 그림과 같이 문제에 따라 적합한 프로세스를 사용합니다. 먼저 문제가 비교적 단순하고 계량적인 해결안을 낼 수 있으면 그 분야에 정통한 전문가가 그 문제를 담당합니다. 문제가 단순하지만 다양한 해답이 나올 수 있으며 여러 관련자들의 합의가 중요한 경우에는 워크아웃(work-out)이라는 방법으로 문제를 해결합니다. 워크아웃은 문제와 관련된 사람들과 의사결정권자가 한 자리에 모여 토의한 후 그 자리에서 문제의 실행 여부를 결정하는 집단 의사결정 방법입니다. 문제가 복잡하여 상당한 기간 궁리해야 할 경우의 프로세스에는 식스시그마와 액션러닝이 있습니다. 먼저 식스시그마는 통계 등 정교한 분석 도구를 사용하여 품질개량이나 원가절감 등의 문제를 정량적으로 해결하는 경영혁신 프로그램입니다. 이에 비해 액션러닝은 어쩌면 단순한 프로세스로 다소 주관적인, 여러 개의 해답이 나올 여지가 있는 문제를 해결하는 데 보다 적합합니다.

이 외에도 다양한 프로그램이 있습니다만 여기에서는 두 가지만 더 소개하겠습니다. QC(Quality Circle)는 주로 제조 현장의 관련 작업자들로 구성한 품질분임조를 말합니다. 이들은 작업 현장에서 발생하는 애로를 해결하거나 품질향상이나 공정개선 같은 운용상의 기술적인 문제를 다룹니다. 마지막으로, 어느 조직에서나 필요에 따라 수시로 구성하고 문제가 해결되면 해체하는 태스크포스팀 또는 프로젝트팀이 있습니다. 이 팀의 구성원들은 기본적으로 그 문제를 해결하는 데 전문가들입니다. 일반적으로 이런 팀들은 기술적인 문제부터 정책적인 사항까지 조직의 중요한 사안을 다룹니다.

액션러닝이 위에 언급한 여러 가지 문제해결 프로세스와 결정적으로 다른 점은 무엇일까요? 필자의 견해로는 위의 어느 프로세스든 실질적 문제를 해결하고 그 과정에서 어느 정도 학습이 일어난다는 점은 비슷합니다. 이상적으로만 운용한다면 어떤 프로세스를 사용하더라도 비슷한 결과를 가져올 수도 있을 것입니다. 결정적 차이는 액션러닝은 프로그램 자체에서 문제해결과 학습 두 가지 면을 똑같이 중시하고 러닝코치를 활용한다는 점입니다. 학습 측면에서도 문제 자체와 문제의 해결 방법에 대한 학습 외에 리더십개발, 팀개발, 조직변화 등의 효과를 얻을 수 있습니다.

② 액션러닝의 발전

액션러닝의 선구자는 영국의 물리학자 레그 레반스(Reg Revans)입니다. 그는 1940년대 영국 탄광청 교육담당관으로 일하면서 웨일스와 잉글랜드의 탄광산업의 생산성 향상을 위해 초기 형태의 액션러닝을 도입하였습니다. 당시 탄광들은 고질적인 비효율과 안전사고에 노출되어 있었습니다. 그는 문제의 발생 현장에 뛰어들었고 광부들과 함께 문제를 해결하고자 하였습니다. 현장에서 그들은 그들의 실제 문제를 이해하고 서로에게 질문하며 도움을 주었습니다. 그들은 문제를 해결하면서 배웠습니다.

레그 레반스가 액션러닝을 시작하게 된 배경에는 타이타닉호 침몰이라는 역사적 사건이 있었습니다. 타이타닉호는 당시로서는 최고의 시설과 규모를 자랑하는 초호화 유람선이었습니다. 누구도 배가 침몰하거나 사고가 나리라고는 상상하지 못했습니다. 그러나 타이타닉호는 첫 항해에서 침몰하여 1,500여 명의 승객이 목숨을 잃었습니다. 당시로서는 너무나 충격적인 사건이었습니다. 이 사고의 원인조사 담당관이 레반스의 아버지였습니다. 10여 년이 지나 청년이 된 레반스는 아버지로부터 사고의 원인에 대해 자세히 들을 수 있었습니다. 타이타닉호의 침몰은 배의 설계와 건조 과정에서 의문을 제기할 수 없는 분위기 때문에 발생한 어처구니 없는 비극이었습니다. 당시 상당수 관계자들이 비슷한 의문을 가지고 있었지만 아무도 질문하지 않았습니다. 사소한 질문으로 자신만 바보가 될 것 같은 두려움을 느꼈던 것입니다. 이후 레반스는 과업을 수행하면서 생기는 어떠한 문제에 대해서도 질문을 제기하거나 새로운 관점을 가지도록 동기가 부여되는 프로세스를 개발하였습니다.

탄광 현장에서 시작된 액션러닝은 레반스의 헌신적인 노력으로 1970년대에는 거의 전 유럽의 대학과 병원, 기업으로 전파되었습니다. 미국에서는 1980년대 중반 GE가 학습 및 기업혁신의 수단으로 도입한 후 듀폰, 3M 등을 비롯한 많은 글로벌 기업들이 기업교육에 활용하기 시작했습니다. 우리나라에서는 1990년대 중반부터 LG, CJ 등을 필두로 대다수 대기업에 도입되었고, 중앙공무원교육원 등 공공 부문은 2000년대 후반 도입되었습니다. 중소기업에는 2009년부터 정부의 지원사업인 학습조직화 사업의 일환으로 액션러닝이 일부 활용되기 시작했습니다.

레반스가 시작한 초기 형태의 액션러닝은 70년 가까운 기간 동안 전 세계로 전파되면서 다양한 모습으로 발전하였습니다. 국가마다의 문화적 차이와 조직의 도입 목적의 차이 때문이기도 하고, 액션러닝 체제 자체의 개방성과 유연성으로 인한 당연한 결과이기도 합니다. 액션러닝을 활용하는 기업의 수만큼의 액션러닝 방식이 존재한다고 할 수 있습니다. 필자가 이 책에서 설명하는 액션러닝도 그 수많은 방식 중의 하나일 수 있습니다. 그러나 액션러닝에 대한 레반스의 기본적인 철학과 원리는 굳건히 유지되고 있습니다.

③ 액션러닝의 핵심 원리

액션러닝은 우리말로 '실행학습' 또는 '실천학습'으로 번역됩니다. 따라서 그 핵심 원리는 첫째, '일하면서 배운다'입니다. 일과 학습이 유기적으로 통합되는 것입니다. 액션러닝에서 '일한다'는 것은 조직이나 개인이 해결하고자 하는 실질적 문제를 해결한다는 의미입니다. '배운다'는 것은 단순히 모르던 것을 새로 알게 된다는 정도의 의미를 넘어섭니다. 배우고 익히며 그 과정에서 새로운 관점을 가지게 되고 변화한다는 의미입니다. 그동안 우리는 일과 학습을 별개의 활동으로 생각했습니다. 학습을 하려면 일을 잠시 떠나 있어야 했습니다. 학습한 것이 일의 현장에서 적용되지 못하는 경우도 많았습니다. 액션러닝에서 실행은 학습이 일어나기 위한 전제 조건입니다. 또 학습하면 실행합니다. 실행 없이 학습 없고 학습 없이 실행이 없습니다.

둘째 원리는 '스스로 실행하고 학습한다'입니다. 과거에 우리는 회사의 연수원이나 교육기관에 가서 강사로부터 교육을 받았습니다. 강사가 가르치는 내용을 수동적으로 배웠습니다. 고작해야 토론에 참여하는 정도가 능동적 행위였습니다. 액션러닝에서는 참가자 스스로가 실행하고 학습합니다. 조직의 실질적 문제에 대한 해결책을 내고 직접 실행하며 결과에 대한 책임까지 집니다. 참가자들이 상호 질문하고 토론하며 성찰하는 과정 및 현장에서의 실행을 통해 스스로 터득합니다. 가르치는 사람이 따로 없습니다. 스스로 깨우치는 방식이 가장 훌륭한 교육이라는 사실은 우리 인류가 발견한 중요한 지혜입니다.

액션러닝의 셋째 원리는 '팀으로 활동한다'입니다. 우리는 그동안 일과 학습은 혼자 하는 것으로 알았습니다. 한 교실에서 배워도 각자 따로 배웠습니다. 한 부서에서 일해도 각자의 담당 업무를 따로 했습니다. 학업성적이나 업적평가도 각자 따로 받았습니다. 액션러닝은 철저히 팀플레이입니다. 모든 일을 함께 합니다. 책임도 함께 집니다. 효율성을 위해 때때로 일을 나누어서 하기도 하지만 결과는 공유합니다. 액션러닝의 창시자 레반스는 이것을 "고난을 함께하는 역전의 용사"로 표현했습니다.

<액션러닝의 핵심 원리>

- 일하면서 배운다.
- 스스로 실행하고 학습한다.
- 팀으로 활동한다.

4 액션러닝의 구성요소

    액션러닝의 실제 프로그램을 구성하는 요소에 대해서는 학자들이나 코치들에 따라 견해가 다양합니다. 여기에서는 가장 널리 알려져 있고 이론적으로나 실무적으로 일반적으로 받아들여지고 있는 마쿼트 교수의 모델에 따라 설명합니다. 아래의 그림에서 보는 바와 같이 액션러닝은 여섯 개의 요소로 구성되어 있습니다. 이 구성요소들이 전부 제

〈액션러닝의 구성요소〉

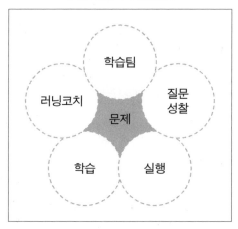

대로 기능해야만 진정한 액션러닝이라 할 수 있습니다. 하지만 현실 상황에서 프로그램을 완벽하게 구현할 수 있는 경우는 차라리 예외라고 하겠습니다. 시간, 공간, 경제여건 등 여러 가지 상황적 제약으로 인하여 여섯 개 구성요소 중 일부가 충분히 기능하지 못할 수 있습니다. 스폰서, 참여자나 코치에 따라, 운용 목적이나 니즈에 따라서도 구성요소 중 일부 기능이 강화 또는 약화될 수 있습니다. 여섯 개 구성요소를 하나하나 살펴보겠습니다.

① 문제

　　앞의 그림과 같이 액션러닝의 중심에는 문제가 있습니다. 실무적으로는 과제, 프로젝트, 이슈 등으로 불리기도 합니다. 이 문제는 반드시 실패의 위험을 갖는 실제 문제여야 합니다. 가상의 문제라면 액션러닝이라 할 수 없습니다. 이 조건은 절대적입니다. 액션러닝은 문제를 정의하고, 문제를 탐구하고, 해결방안을 찾고, 해결책을 실행하는 가운데 학습을 하는 프로그램입니다. 프로그램의 효과를 극대화하려면, 문제는 그 조직에 중요하고 꼭 해결할 필요가 있으며 해결의 책임이 학습팀에 있는 것이어야 합니다. 한편, 문제를 해결하는 과정에서 학습이 일어나지 않는다면 그 문제는 적합성이 없다고 할 것입니다. 문제는 학습팀이 하나의 공동 문제를 다룰 수도 있고 팀원 각자의 문제를 다룰 수도 있습니다.

2 학습팀

액션러닝의 핵심 주체는 소규모 학습팀입니다. 조직의 이익에 중대한 문제를 해결하면서 학습하고자 하는 의지를 가진 다양한 참가자들로 구성됩니다. 지난 20여 년 동안 공사조직의 구조와 운용에서 가장 두드러진 특징 중 하나가 팀제입니다. 조직 환경의 변화에 따라 여러 가지 목적과 이유로 인해 팀제를 도입하였습니다. 팀의 유형도 과거의 부서를 단순히 이름만 바꾼 경우, 대부대과팀, 임시팀, 자율관리팀 등 매우 다양합니다. 한 가지 확실한 것은 팀제 도입으로 계층적·권위적 요소가 많이 사라져 조직이 좀 더 유연해졌다는 사실입니다. 순수한 의미의 팀은 축구나 농구 같은 스포츠팀과 비슷합니다. 각자의 포지션은 있지만 목적 달성을 위해 상호보완적으로 협동하며 자율규제되는 소규모(3~15명) 조직입니다. 액션러닝의 학습팀은 순수한 의미의 팀에 가장 가깝습니다. 배경, 출신, 기능 등 다양한 참가자들로 팀을 구성하여 문제해결을 위해 서로 협동하고 목적을 달성할 때까지 자율적으로 팀활동을 관리해나갑니다.

이처럼 조직구조에서든 액션러닝에서든 다른 학습 프로그램에서든 팀을 운영하는 것은 우연이 아닙니다. 근본적인 이유는 팀이 아니고서는 현재의 산업환경의 복잡성과 변화의 속도를 따라갈 수 없기 때문입니다. 알아야 할 지식과 분석해야 할 정보의 양이 개인이 감당하기에는 너무나 많습니다. 의사결정과 문제해결 시 고려해야 할 변수가 너무나 다양하여 혼자서는 도저히 해결할 수 없는 문제가 자꾸 늘어나고 있습니다. 상당히 주관적이며 실질적 지식인 문제해결 능력과 리더십을 배양하기 위해서는 팀으로 학습하지 않을 수 없게 되었습니다.

팀으로 학습하거나 일하면 구체적으로 어떻게 좋은가 간략히 살펴 보겠습니다. 우선 시너지 효과입니다. 함께 일하면 혼자서 각각 한 것을 모두 합한 것보다 더 많은 일을 하거나, 혼자서는 할 수 없는 일을 할수 있습니다. 여러 사람이 돈을 모아 공동 구매해서 나누면 각각 혼자서 구매할 때보다 훨씬 더 많은 양의 더 좋은 농산물을 살 수 있는 경우가 좋은 예가 될 것입니다. 집단지능도 팀활동의 장점을 설명합니다. 다수의 의견을 따르면 실패의 확률이 낮다든가, 민심이 천심이라든가, 이런 말은 모두 집단지능의 우수성을 표현하고 있습니다. 과학적 분석에 의한 예측보다 다수의 의견을 따른 예측이 더 정확하다는 연구결과도 있습니다. 개미의 작업 광경을 본 적이 있다면 집단지능을 쉽게 이해할 수 있을 것입니다. 팀으로 학습하면 다른 동료들의 다양한 경험과 관점을 공유하는 사회적 학습이 가능합니다. 팀으로 문제를 해결하면 다양한 아이디어가 창출되고 합의가 이루어진 해법을 도출할 수 있습니다.

팀이 언제나 개인보다 나을까요? 그렇지는 않은 것 같습니다. 엄밀한 과학적 분석이나 연구가 필요한 분야의 작업은 혼자서 하는 것이 나을 경우가 있을 것입니다. 여러 사람의 다양한 의견을 들은 후에 최종적으로 혼자서 결정을 내려야 하는 경우도 있을 것입니다. 보통 사람 수만 명의 머리를 모아도 한 사람의 천재만 못하다는 말도 시사점이 있습니다. 억압적이고 고립된 분위기에서 긴급한 사항에 대해 내려지는 의사결정은 집단사고의 위험이 있습니다. 집단사고란 제대로 된 검토 없이 경솔하게 의견이 한쪽으로 쏠리는 현상을 말합니다. 결국, 팀활동의 장점은 문제나 사안이 무엇이냐, 상황이 어떠냐에 따라 정해질 것입니다만 대체로 사회적 · 조직적 · 인간적 문제나 여러 사람의 합의가 중요한 문제나 사안에 대해서는 팀활동이 더 좋은 결과를 낸다고 생각해도 좋을 것입니다. 마지막으로, 팀활동은 혼자서 일할 때보다 시간과 인력 등 비용이 더 많이 든다는 것을 참고해야 할 것입니다.

③ 질문과 성찰

　　타이타닉호 침몰사건, 케네디 정권의 쿠바 피그만 침공작전의 실패, 우주왕복선 챌린저호의 사고는 어떤 공통점이 있을까요? 이러한 사고의 배경과 세부사항을 조사한 전문가들에 의하면 당사자들이 문제에 대해 질문을 하지 못했거나 질문을 하지 않으려 했다는 점이 공통적으로 드러납니다. 당시 누구라도 의문을 제기하는 질문을 한마디만 했더라면 어떻게 되었을까요?

　　질문을 하는 것은 인류의 전통적인 진리탐구와 교육의 수단이었습니다. 소크라테스 이래의 동서양의 위대한 스승들이 모두 질문의 달인들이었습니다. 철없는 아이들은 끊임없이 질문을 해댑니다. "이거 뭐야?", "저거 뭐야?" 조금 크면 거의 모든 것의 근거와 이유를 묻습니다. "왜 그러는데?", "왜 그래야 돼?" 그러다가 세상이 자기의 뜻과는 별 무관하게 돌아간다는 사실을 깨달을 무렵부터 자연스럽게 질문하기를 잊기 시작합니다. 액션러닝은 우리의 선천적인 질문 본능을 회복시켜주는 프로그램입니다.

　　고정관념과 편견에 도전하고 변화를 도모하기 위해 우리는 의도적으로 질문해야 합니다. 기존 지식의 진리성을 확인하고 새로운 지식을 학습하기 위해 질문합니다. 내 경험을 검증하고 내 주변의 상황을 이해하기 위해 우리는 끊임없이 질문해야 합니다. 질문 한마디가 나라도 구하고 회사도 구하고 나의 삶을 바꿀 수도 있습니다. 독자들은 언젠가 은사의 말씀 한마디 또는 친구의 얘기 한마디가 삶의 전기가 된 경험이 한 번쯤은 있을 것입니다. 우리는 질문을 받는 순간 대답을 찾기 시작합니다. 대답을 찾기 위해 성찰하게 되고 성찰은 학습을 촉진합니다. 학습은 곧 변화를 의미합니다.

훌륭한 리더는 지시 대신 질문을 합니다. 질문하는 리더가 성과가 높다는 연구 결과가 있습니다. 질문하는 순간 대화나 관계의 중심이 질문 받는 사람에게로 옮겨갑니다. 질문을 받은 사람은 자율적으로 일하고 성찰을 통하여 바람직한 변화와 성장을 하게 됩니다. 질문은 우리의 생각을 정리하게 하고 우리가 고정관념에서 벗어나 새로운 관점을 가지게 합니다. 우리의 머릿속에는 사람과 사물, 현상에 대한 기본 가정이 있습니다. 이 기본 가정에 의해 특별한 사정이 없는 한 자동으로 대상을 지각하고 해석합니다. 따라서 우리는 질문을 받지 않으면 고정관념이나 편견에 빠질 가능성에 항상 노출되어 있습니다.

액션러닝이 여타의 문제해결 프로그램과 다른 점 중 하나가 질문을 중시한다는 점입니다. 액션러닝 학습팀은 질문을 통하여 문제를 탐구하고 해결책을 개발하며 실행의 결과를 성찰합니다. 질문을 통하여 구성원 상호 간 학습합니다. 질문하는 법을 배우는 것이 액션러닝의 주요 목표이기도 합니다.

액션러닝에서는 구성원 누구에게나 질문이 장려되고 질문을 해야 할 책임이 있습니다. 질문을 통해서 팀에 기여합니다. 일반 토론에서의 의견 진술과 설명을 액션러닝에서는 질문의 형식으로 합니다. 의견 진술은 원칙적으로 질문을 받았을 때만 합니다. 질문 횟수와 진술 횟수가 적절히 균형을 이루면 진정한 대화가 가능해집니다. 대화(dialogue)는 서로 이해하고 공감하는 가운데 공동 목적을 향해서 질문과 진술이 오가는 커뮤니케이션을 말합니다. 질문이 문제해결과 학습의 주요 수단이므로 질문의 질이 중요합니다. 우리는 그동안 질문을 사실상 잊고 살았습니다. 질문을 당장 잘하기를 기대할 수는 없습니다. 연습과 노력이 해결해줄 것입니다. 좋은 질문이란 무엇이고 어떻게 하느냐는 오리엔테이션 장에서 상세히 설명할 것입니다.

좋은 질문이란 한마디로 하면 관점을 바꾸게 하는 질문이라 하겠습니다. 관점을 바꾸려면 성찰이 선행되어야 합니다. 요즈음 성찰이라는 말이 많이 회자됩니다만 구체적으로 무엇을 의미하는지는 다들 잘 알지 못합니다. '자신에 대해 반성한다', '곰곰이 생각한다.' 스님들이 '도 닦는' 것이 성찰이라는 생각도 듭니다. 세상이 너무 복잡하고 빨리 변해서 개인이나 조직이 어떻게 적응해야 할지를 알기가 어렵습니다. 성찰의 필요성과 중요성이 커진 것입니다. 성찰은 자기 자신과 삶의 조건인 환경에 대해 곰곰이 생각하고 어떻게 변화하면 좋을까 궁리하는 과정입니다.

훌륭한 삶을 살고 일의 성과를 내기 위하여 우리는 끊임없이 성찰해야 합니다. 성공한 많은 기업들이 성공의 덫에 빠져 망합니다. 성공했기 때문에 과거의 성공 방식이 언제까지나 통하리라 자만합니다. 변화한 사업 환경과 과거의 성공 방식의 적합성에 대해 성찰하지 않았기 때문에 망하는 것입니다. 대개의 경우 시간이 가면 성공 방식이 곧 실패의 원인이 됩니다. 변화의 속도가 느렸던 반세기 전만 해도 이런 일은 걱정하지 않아도 됐습니다. 자연스럽게 모든 것이 조금씩 변하고 적응해나갔습니다. 지금은 의도적으로 변해야 합니다. 환경의 변화를 주시하고 회사의 역량과 자원과 정책이 어울리는지 따져야 합니다.

개인의 삶도 마찬가지입니다. 자신의 기본 가정 · 사고방식 · 행동 · 경험이 옳은지, 삶의 조건과 어울리는지를 끊임없이 성찰할 필요가 있습니다. 많은 사람들이 아무 생각 없이 하루하루를 보내고 있습니다. 어느 날 갑자기 자신들이 사회에 적응하지 못하거나 은퇴를 종용받고 있다는 사실을 알게 됩니다. 성찰은 학습과 변화의 전제 조건입니다. 올바른 성찰 없이 올바른 학습과 변화가 일어나지 않습니다. 변화하려면 성찰을 통한 학습이 있어야 합니다. 성찰 없는 삶이란 참으로 나태하거나 무모합니다.

성찰은 구체적으로 어떤 기능을 할까요? 첫 번째로, 상황을 잘 파악하게 합니다. 자신이 어떤 사람인지, 무엇을 원하는지, 어떻게 생각하는지, 어떻게 행동하는지, 자신의 행동이 타인에게 어떤 영향을 미치는지, 어떤 행동이 요청되고 있는지, 삶의 조건이 어떤지, 우리를 둘러싼 환경이 어떤지. 두 번째로, 무엇이 잘못인지, 왜 잘못인지를 알게 합니다. 우리는 우리가 기존에 알고 있던 거의 모든 것을 당연히 옳다고 믿고 있습니다. 그러나 많은 것들이 처음부터 옳지 않았을 수 있고, 환경의 변화에 따라 옳지 않게 됐을 수도 있습니다. 세 번째로, 본질과 의미 · 가치를 깨닫게 해줍니다. 성찰하지 않고 그냥 하루하루를 살 경우 우리는 삶에서 무엇이 중요한지, 어떤 의미와 가치가 있는지 알지 못할 것입니다. 문제의 현상만 보고 본질을 보지 못합니다. 표면만 보고 내면을 보지 못합니다. 마지막으로, 성찰은 변화를 깨닫게 합니다. 나태한 사람에게 세상은 정지화면처럼 보일 것입니다. 성찰하는 사람에게 환경은 동영상으로 보일 것입니다. 변화를 인지하지 못하면, 자신과 환경에 대한 감지 기능이 무뎌지면 개인과 조직은 곧 닥쳐올 재앙을 알지 못합니다.

〈성찰의 기능〉

- 상황을 잘 파악하게 한다.
- 무엇이 잘못인지, 왜 잘못인지 알게 한다.
- 본질과 의미, 가치를 알게 한다.
- 변화를 깨닫게 한다.

성찰은 구체적으로 어떻게 하는 것일까요? 스님처럼 화두(話頭)를 잡고 좌선을 하거나, 자기 전에 일기를 쓰거나 업무일지를 쓰는 것도 한 방법입니다. 공사조직에서 월 단위, 분기 단위로 사업의 성과를 논하는 회의를 개최하는 것도 성찰 활동의 일종입니다. 여기서는 액션러닝에서 쓰는 기본적 성찰 방법을 간단히 소개하고 상세한 것은 제3장 오리엔테이션에서 설명하겠습니다. 먼저, 학습팀 미팅에서 대화를 통해 성찰합니다. 대화의 기본 방식인 질문과 대답은 성찰을 불러일으킵니다. 팀 구성원들은 상호 질문을 통해 기본 가정과 기존 지식에 도전하고 자연스레 성찰이 이루어집니다. 다음으로, 미팅 전체 시간 중 일정 시간을 성찰을 위해 미리 준비하고 그간의 활동에 대해 성찰하고 피드백합니다. 마지막으로, 구성원 각자가 성찰일지를 쓰는 방법입니다. 성찰일지는 개인의 일기처럼 강력한 효과가 있지만 구성원 각자의 열정이 뒷받침되지 않으면 실천하기가 쉽지 않습니다.

〈액션러닝에서의 성찰 방법〉

• 대화	• 성찰시간
• 피드백	• 성찰일지

이 단원의 글을 마치기 전에 조직적 성찰을 더 잘 이해하기 위해, 미 육군이 어떤 일을 마치면 다함께 모여 사용하는 성찰 프로세스 AAR(After Action Review)을 소개하겠습니다.* 현재 우리나라뿐 아니라 세계적으로 많은 나라에서 이 프로세스를 활용하고 있다고 합니다. AAR은 팀으로도 사용할 수 있고 혼자서도 쓸 수 있습니다. AAR에서 가장 중요한 것은 액션러닝과 마찬가지로 프로세스를 통해 학습한 것을 실제로 행동에 옮기는 것입니다.

① 당초 어떤 계획을 가졌나?
　처음의 계획과 목표에 대해 토의를 하여 내용을 공유한다.

② 실제로 어떤 결과가 발생하였는가?
　계획과 목표를 달성하기 위해 수행한 활동들의 결과를 점검하고 토의한다.

＊　이태복,《액션러닝의 성공원칙》(패러다임, 2005), 165-166쪽에서 정리.

③ 계획과 결과 사이에 어떤 차이가 있는가?

　성과를 확인하고, 차이가 있다면 왜 그런 차이가 생겼는지, 이로부터 어떤 교훈을 얻었는지를 토의한다.

④ 앞으로 해야 할 일은 무엇인가?

　이제까지 토의를 통해 학습한 내용을 토대로 개선할 점은 무엇인지, 앞으로 무엇을 어떻게 할 것인지에 대해 토의한다.

④ 실행

　　액션러닝 프로그램의 구성요소로서 실행은 세 가지 활동을 포함하는 넓은 의미를 갖습니다. 하나는 발표, 대화, 토론, 성찰 등의 학습팀 미팅 시의 문제해결 활동을 의미합니다. 다음은 자료조사, 설문조사, 인터뷰 등 현장활동입니다. 마지막으로 해결안을 실제로 시행하고 피드백하는 좁은 의미의 실행입니다. 일반적인 의미의 실행은 좁은 의미의 실행과 행동을 포함하는 개념입니다. 액션러닝에서는 행동이라는 단어도 대체로 실행과 같은 의미로 쓰입니다. 따라서 액션러닝의 전 과정이 실행이라고 할 수 있습니다.

〈액션러닝에서의 실행〉

- 발표, 대화, 토론, 성찰 등 학습팀 미팅 시의 문제해결 활동
- 자료조사, 설문조사, 인터뷰 등 현장활동
- 해결안 시행 및 피드백

액션러닝에서는 '행동 없이 학습 없고, 학습 없이 행동 없다.'라고 전제합니다. 동서양의 많은 선각자들도 삶이나 배움에서 실천의 중요성을 강조해왔습니다. '인간은 행동하면서 배워야 한다. 무엇인가를 안다고 생각해도 그것을 시도하기 전에는 확신할 수 없다(아리스토텔레스).', '뭔가를 알면서 활용하지 않는다면 아는 것이 아니다(불교 속담).', '일하면서 배운다(事上磨鍊, 왕양명).'

액션러닝에서는 실행을 특히 강조합니다. 실행은 학습과 변화의 주요 수단이고 실제의 해결안을 실행하여 조직의 성과를 향상시킵니다. 문제해결과 실행 과정을 통하여 실행하는 습관을 습득하는 것도 액션러닝의 주요 목표 중의 하나입니다. 같은 현상을 보더라도 문제를 발견하는 사람은 많지 않고, 그중에 문제의 해결안을 생각하는 사람은 소수이며, 해결안을 생각한 소수 중에 실제로 실행하는 사람은 거의 없습니다. 실행하지 않는다면 아무리 좋은 아이디어라도 무슨 소용이 있겠습니까?

⑤ 학습

학습이론에서는 '개인의 경험의 결과로써 일어나는 사고나 행동의 비교적 영속적인 변화'를 학습이라 합니다. 여기에서 중요한 것은 학습은 인간의 본능이라는 것입니다. 사람은 살아가면서 자신이나 주위의 환경에 대해 알고자 하는 욕구가 있고 이 욕구가 학습의 동기입니다. 사람이나 조직이 학습할 수 없다면, 학습하지 않는다면, 변화도 없고 성장도 없습니다. 학습과 변화와 성장은 사실 같은 내용을 다른 관점에서 표현한 것입니다. 공사조직을 평가하는 다양한 지표가 있습니다만 단 하나의 지표만 들라면 필자는 '조직과 그 구성원이 무엇을 어떻게 학습하고 있는가'를 들겠습니다. 지식기반산업에서는 특히 그렇습니다.

학습은 무의식적 학습과 의도적 학습으로 나누어 생각할 수 있습니다. 무의식적 학습은 사람이 살아가면서 자연스럽게 직간접 경험을 통해 새로운 것을 알게 되거나 기존의 사고나 행동 방식이 수정되어가는 것을 말합니다. 따라서 사건이나 상황에 대해 반응적으로 변화합니다. 의도적 학습은 환경에 적응하거나 자신에게 유리한 환경을 만들고자, 또는 자신의 생존 능력을 높이거나 특정 목적을 달성하기 위해, 필요한 지식과 기술을 배우고 익히며 기존의 사고나 행동 방식을 수정해가는 것입니다. 따라서 변화를 위해 학습하고, 학습의 과정과 결과가 변화입니다. 둘 사이를 명확히 구분하는 것은 쉽지 않지만 우리가 액션러닝에서 학습이라고 할 때는 대체로 후자를 이릅니다.

〈학습의 분류〉

- 무의식적 학습: 살아가면서 자연스럽게 일어나는 직간접 경험을 통한 반응적 변화
- 의도적 학습: 생존능력 향상, 성장, 변화를 위한 학습

지금처럼 조직 환경의 변화와 기술적 발전이 빠른 시대에 의도적 학습을 하지 않고서는 사람이든 기업이든 성장은커녕 생존 자체가

불가능합니다. 평생학습의 필요성은 이런 상황에 대한 당연한 결론이고 조직과 그 구성원의 학습은 지속가능경영의 선택이 아니라 필수가 되었습니다. 자본이나 토지보다 사람이 가장 중요한 자산이 된 것입니다. 기업 핵심역량의 대부분을 사람이 가지고 있다는 얘기입니다. 성공한 기업의 최고경영자들은 대부분 인재 제일을 외치고 있습니다. 탁월한 인재를 채용하기 위해 전담 임원을 두고 전 세계적으로 스카우트 전쟁을 치르고 있습니다. 그러나 이미 확보하고 있는 자산(사람)을 키울 노력은 별로 하는 것 같지 않습니다.

현실은 조직의 전략적 선택에 따라 다양한 양상을 보이고 있습니다. 세계적으로 경영의 모델이 되고 있는 GE는 2011년도 교육훈련 예산으로 1조 2천억 원을 책정한 반면, 한때 500여 명의 전임 교수를 두고 임직원을 교육시켰던 우리나라 모 대기업은 현재 비용 절감을 이유로 임직원 교육을 거의 포기하고 있는 실정입니다. 연간 교육훈련비로 3천만 원도 채 집행을 못하는 수천억 매출의 중견 기업도 있습니다. 중소기업들은 사정이 더욱 열악합니다. 필자가 자문하거나 코칭한 대부분의 중소기업 대표들은 사람을 못 구해, 쓸 만한 사람이 없어, 사업을 못하겠다고 아우성입니다. 스스로 사람을 키울 생각은 하지 않습니다. 당장의 눈앞의 일을 처리하기에도 벅찬데 무슨 교육이냐는 것입니다. 자신의 능력을 향상시킬 수 없고 경력을 발전시킬 수 없는 이런 기업들을 젊은이들이 외면하는 것은 어쩌면 당연합니다. 비전이고 미래고 먼 나라의 얘기일 뿐입니다. 쓸 만한 사람이 없어 경쟁력을 잃어가고, 경쟁력이 없으니, 쓸 만한 사람이 오지 않는 악순환은 계속될 것입니다. 당장의 비용절감을 위해 학습 기회를 줄일 것이 아니라 학습을 통하여 비용절감의 방법을 찾아야 선순환으로의 전환이 가능할 것입니다. 비용을 얼마 또는 몇 % 줄이는 방식으로는 결코 장기적으로 성공할 수 없습니다. 학습을 통하여 어떤 일의 효율을 어떻게 높이면, 어떤 일의 작업 방식을 어떻게 바꾸면, 하는 방식으로 패러다임을 바꿔야 선순환으로의 전환이 가능해질 것입니다.

피터 센게는《제5경영》에서 "학습은 더 많은 정보를 수집하는 것을 의미하는 것이 아니라, 우리가 인생에서 정말 원하는 결과를 만들어 내는 능력을 증대시키는 것을 의미한다."라고 했습니다. '새로운 지식을 창출하는 능력 또는 문제해결 능력을 증대시킨다'라는 것과 맥이 닿는 정의입니다. 액션러닝에서의 학습은 봉현철 교수의 정의가 유용합니다. '새로운 지식의 습득과 경험에 대한 성찰을 통해 행동을 변화시키고 문제를 해결하는 과정.' 일반적으로 학습을 한다고 하면 객관적으로 존재하는 진리나 지식을 습득한다는 의미였습니다. 과거에는 이런 의미의 학습이 중요했습니다. 책 같은 인쇄물이나 지식을 보유하고 있는 사람으로부터의 강의를 통해서 학습합니다. 지금은 컴퓨터나 인터넷의 도움으로 이런 의미의 학습의 중요성이 많이 줄었습니다. 굳이 그 많은 정보를 사람이 알고 있을 필요가 있을까요? 필요하면 얼마든지 누구나 거의 무료로 이용할 수 있는 지식을 힘들여 사람의 머리에 저장할 필요가 있을까요? 객관적 지식을 많이 가지고 있다고 해서 그 조직이나 구성원들이 경쟁력이 있을까요?

정말 중요한 지식은 대부분 사람에 체화되어 있습니다. 암묵지(tacit knowledge)라고 하는 것입니다. 말이나 글로 전달되기 쉽지 않습니다. 주로 경험과 실행을 통하여 습득합니다. 지식을 '문제해결 능력이나 새로운 지식을 창출하는 능력'으로 정의하면 이때의 지식은 대체로 암묵지를 의미합니다. 객관적 지식이 필요치 않다거나 몰라도 된다거나 하는 의미가 아닙니다. 지금의 지식경영 시대에는 사람에 체화된 암묵지 같은 주관적 지식이 더 중요해졌다는 의미입니다.

액션러닝은 기본적으로 이러한 암묵지의 상호 학습을 지향합니다. 구체적으로 학습의 내용은 대략 다음과 같습니다.

〈학습의 내용〉

- 문제 자체에 대한 기존 지식, 새로운 지식
- 학습하는 방법을 학습함으로써 학습능력 향상
- 신념, 가치관, 기본 가정, 관점의 변화
- 문제해결 및 실행 능력 향상
- 의사결정, 의사소통, 갈등관리 능력 향상
- 프레젠테이션, 퍼실리테이션 스킬 배양
- EQ, 경청, 질문, 성찰, 팀 상호작용 스킬 개발

액션러닝에서의 학습은 팀 구성원 개개인의 학습으로 끝나지 않습니다. 개인의 암묵지는 질문, 토의, 성찰, 실행을 하는 과정에서 명시지(explicit knowledge)로 바뀝니다. 액션러닝에 참여하는 사람이 전사적으로 확대되고 이들과 상호작용하는 사람들이 늘어나면 조직문화에 변화가 옵니다. 조직이 성찰하고 조직이 학습합니다. 조직 구성원 모두가 끊임없이 학습하는 가운데 통찰력과 직관이 개발되고 지적 능력이 고도로 발휘되는 학습조직이 되는 것입니다. 학습조직은 적어도 조직 환경의

변화의 속도만큼 또는 그 이상의 속도로 조직과 개인이 학습함으로써 지속가능경영을 실현할 수 있는 조직을 말합니다.

　　액션러닝에서 학습이 일어나는 과정을 레반스의 학습 등식을 통해 살펴보겠습니다.

$$L_{(learning)} = P_{(programmed\ knowledge)} + Q_{(questioning)}$$

　　학습은 기존 지식에 대한 질문으로 일어난다는 것입니다. 모든 기존 지식은 언젠가는 낡은 지식이 되거나 수정될 운명에 있습니다. 따라서 기존 지식에 대해 끊임없이 도전하고 의문을 던지는 과정에서 새로운 지식이 생성되고 기본 가정이 수정됩니다. 기존 지식에 대한 의문은 기존 지식을 현실에 적용하는 경험에 대한 성찰 과정에서 일어납니다. 이것을 잘 설명해주는 모델이 아래 그림의 콜브(Kolb)의 학습사이클입니다.

〈콜브의 학습사이클 모델〉

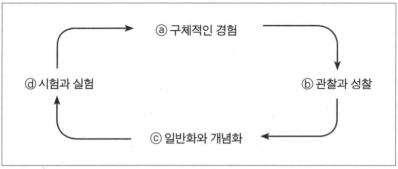

출처: 마이클 마쿼트, 《액션러닝의 힘》(이태복 역, 패러다임컨설팅, 2009), 180쪽.

조직이나 그 구성원들은 기존 지식이나 패러다임에 의해 구체적인 직간접 경험(일, 행동)을 합니다. 이 경험은 그 자체로 가치가 있을 수 있지만 이를 토대로 새로운 경험을 하기 위해서는 그 진리성과 유용성을 검증할 필요가 있습니다. 관찰과 성찰 과정은 계획과 결과가 차이가 있는지, 잘한 점은 무엇인지, 잘못한 점은 무엇인지, 그 원인은 무엇인지, 기존에 알고 있던 것이나 패러다임과는 어떤 차이가 있는지 등을 검토합니다. 일반화와 개념화는 경험과 성찰을 통해 배운 것은 무엇인지, 앞으로 어떻게 적용할 것인지를 정리합니다. 마지막은 이렇게 정리된 새로운 지식과 패러다임을 새로운 경험에 적용할 수 있을지, 효과가 있을지 확인합니다. 이 학습사이클은 순차적으로 일어날 수도 있고 동시에 일어날 수도 있습니다. 액션러닝에서 학습사이클은 매 학습팀 미팅과 현장활동에서 나타나며 큰 사이클은 문제해결 과정 전체에 걸쳐 나타납니다.

액션러닝은 문제해결과 학습을 둘 다 중시하지만 장기적인 관점에서는 학습이 더 중요합니다. 문제해결은 실패할 수도 있고 스폰서에 의해 실행이 거절될 수도 있으며 성공한 문제라 하더라도 그 효과는 대체로 단기적입니다. 학습효과는 조직의 다른 구성원들에게로 파급효과가 있으며 새롭게 생성된 지식은 장기적으로 조직 성장의 밑거름이 될 것입니다.

액션러닝에서 학습의 효과가 극대화되려면 기본적으로 액션러닝의 여섯 가지 요소가 잘 조화되고 제대로 기능이 발휘되어야 합니다. 팀 구성원들의 참여도와 학습 열정도 중요합니다. 마이클 마쿼트가 정리한 다음의 내용이 도움이 될 것입니다.

<학습효과가 극대화될 수 있는 상황>

- 질문을 받았을 때, 스스로 질문할 때
- 행동과 경험의 과정과 결과를 성찰할 때
- 자신의 행동에 대해 피드백 받을 때
- 실패의 위험을 부담하는 것이 허용될 때
- 문제해결이 절박하고 시간의 제약이 있을 때
- 문제해결에 대한 책임을 가질 때

마지막으로 액션러닝의 학습의 특징을 분명히 하기 위하여 유영만 교수가 전통적 교육과 액션러닝의 학습을 비교한 내용을 인용합니다.

<액션러닝의 학습과 전통적 교육방법과의 비교>

비교요인	전통적인 교육방법	액션러닝
패러다임	공급자 중심의 교수 (강사의 상대적 우월성)	수요자 중심의 학습 (학습활동의 중요성)
철학	문제상황에 대한 전문적 지식을 가지고 있는 소수의 외부전문가	문제상황에 직면하고 있는 내부구성원 모두가 전문가
이론과 실천의 관계	이론과 실천의 분리	이론과 실천의 통합
교수-학습전략	주입식	참여식
적합한 영역	전문적 지식 및 기술의 집중적인 단기간의 훈련	일반적 경영관리 능력
교육생의 역할	수동적 지식의 흡수자	적극적 참여자
강조점	현장과 관련성이 적은 전통적인 내용 중시	현장 중시의 비구조적 문제 또는 기회의 해결 및 발견
교육과 경영의 관계	교육을 위한 교육 (교육전략 ≠ 경영전략)	경영성과 기여도의 극대화 (교육전략 = 경영전략)

6 러닝코치

    '액션러닝의 개념' 부분에서 언급하였지만 액션러닝이 다른 문제해결 프로그램과 결정적으로 다른 점 중 하나는 러닝코치가 학습팀의 일원으로 참여한다는 사실입니다. 러닝코치는 액션러닝의 전문가로서 프로그램의 도입, 설계부터 최종 실행, 평가까지 액션러닝의 전 과정에 관여합니다. 나아가 사내코치의 양성 및 학습조직의 구축 등 프로그램의 성공적 운영을 위하여 반드시 필요한 존재입니다. 혹자는 러닝코치가 없는 학습팀도 충분히 액션러닝을 시행할 수 있다고 주장하는데 현실성 없는 주장이라는 것이 필자의 경험과 통찰입니다. 러닝코치의 다양한 역할과 전문적인 능력을 학습팀원들이 대체할 가능성이 거의 없고 학습팀원들은 문제의 해결에 집중하기 때문에 학습을 촉진할 별도의 참여자가 필요합니다.

    러닝코치의 핵심 역할은 학습팀원들의 학습능력을 촉진시켜 결과적으로 문제를 잘 해결하도록 돕는 일입니다. 러닝코치는 원칙적으로 항상 학습에 중점을 두어야 하며 문제의 해결에 관여해서는 안됩니다. 러닝코치는 프로세스 전문가이지 내용 전문가가 아니라는 의미입니다. 러닝코치의 팀활동 개입 수단은 기본적으로 질문입니다. 질문을 통해 팀활동을 조장하고 최종 목적지로 순항하도록 유도합니다. 학습팀은 팀활동 과정에서의 학습을 통해 지속적으로 성장하고 성과를 향상시키게 됩니다.

    러닝코치의 역할에 대해 간략히 살펴보겠습니다. 구체적인 활동 내역은 제2장 이하에 자세히 기술하겠습니다. 첫째는 기획관리자 역할입니다. 러닝코치는 액션러닝의 도입, 프로그램의 설계, 프로그램의 전사 확대 방안 등 액션러닝의 전 과정에 대하여 담당 임직원과 함께 또는 위탁을 받아 기획하고 성공적 운영을 위하여 관리합니다. 둘째는 교육자 역할입니다. 학습팀에 오리엔테이션을 실시하거나 회의운영 기술, 문제해결 기법과 관련된 각종 도구를 제공하고, 사내강사 양성 프로그램을 운영하는 등 액션러닝의 운영에 필요한 교육을 실시합니다. 셋째는 팀활동 촉진자 역할입니다. 학습팀이 문제해결에 몰입하고 그 과정에서 학습이 일어나도록 회의 분위기를 조성하고 팀원들을 격려하며 동기부여하는 역할입니다. 학습팀 미팅 사이의 현장활동을 지원하고 독려하는 역할도 수행합니다. 넷째는 연락조정자 역할입니다. 조직의 최고경영자, 스폰서, 담당 임직원, 학습팀원 등 모든 관련자 사이의 의사소통을 원활히 하고 각자의 역할을 충실히 하도록 조정합니다. 다섯째는 상담자 역할입니다. 액션러닝 운영 전 과정에 걸쳐 관련자 모두로부터의 문의, 상담, 도움의 요청에 응합니다. 마지막으로 롤 모델(role model) 역할입니다. 러닝코치는 액션러닝의 전 과정에 걸쳐 자신의 말과 행동을 통해 학습팀원을 포함한 관련자 모두에게 모범을 보여야 합니다. 문제해결, 대인관계, 리더십, 학습능력 등에 있어서 본받을 수 있을 만큼의 행동과 태도가 요청됩니다. 러닝코치는 이 역할로 인하여 컨설턴트, 강사 등 다른 지적 서비스 전문가들과 확연히 다른 위상을 차지하고 있습니다.

〈러닝코치의 역할〉

• 기획관리자	• 교육자	• 팀활동 촉진자
• 연락조정자	• 상담자	• 롤 모델

러닝코치가 문제해결에 어느 정도 관여해야 하느냐는 이슈가 있습니다. 이론적으로도 논의의 여지가 있고 실무에 종사하는 러닝코치에게는 매우 중요한 이슈입니다. 결론부터 얘기하면 문제해결의 내용 자체에는 관여하지 않는 것이 원칙입니다. 문제의 내용 전문가는 학습팀원들입니다. 학습팀원들 스스로가 자기들의 문제를 해결해야 합니다. 그들이 문제를 해결하는 과정이 곧 학습입니다. 그러나 현실적으로 학습팀이 문제해결에 진척을 보이지 못하고 난관에 봉착해 있을 때 러닝코치는 관여의 유혹을 느낍니다. 학습팀으로부터 도움을 요청받거나 질문을 받을 때도 있습니다. 러닝코치는 이때 심각한 갈등에 빠집니다. 남은 시간은 얼마 없고 문제가 해결되지 않았을 때 받을 따가운 시선이 느껴집니다. 주어진 시간 내에 결과를 내놓지 못하면 자신이 무능한 코치가 될 것 같은 생각에 빠집니다. 이때에도 코치는 프로세스 전문가로서 오직 문제해결의 과정과 방법에만 관여해야 합니다. 문제해결의 과정과 방법이 제대로 되면 학습팀은 스스로 문제해결 돌파구를 열 수 있습니다. 사실 문제를 잘 해결하는 사람은 문제해결 과정에 능숙합니다. 아이디어나 해법보다는 문제해결 과정이 중요하기 때문입니다. 문제해결 과정을 제대로 따르지 않고 나온 해법은 오류일 가능성이 높습니다. 문제해결 과정을 충실히 따라가다 보면 적합한 해결책에 도달하게 됩니다. 다시 한 번 강조하면 러닝코치는 프로세스 전문가이며 학습의 촉진에 몰두해야 합니다. 그러나 코치가 문제해결의 내용 면에도 관여를 해야 할 때가 있습니다. 예외적으로 사내코치가 학습팀의 팀원과 코치를 겸하는 경우가 있습니다. 주로 학습팀원의 수가 네 명 이하일 때 회의의 역동성과 의견의 다양성을 위해 코치가 이중의 역할을 담당하게 됩니다. 이때에도 코치는 자신의 문제해결 관여로 인하여 발생하게 될 부정적 영향을 충분히 인식하고 신중하게 행동해야 합니다.

러닝코치가 문제해결의 내용에 관여했을 때 생길 수 있는 부작용에 대해 살펴보겠습니다. 먼저 코치가 객관성과 공평성을 상실할 우려가 있습니다. 코치가 문제해결에 관한 의견을 내면 팀원들은 코치가 특정 팀원의 의견을 지지한다고 생각할 수 있습니다. 그로 인해 코치에 대한 신뢰가 떨어지고 팀원들 간에도 갈등이 생길 수 있습니다. 다음은 팀원들이 학습보다 문제해결을 더 중요하게 생각할 수 있습니다. 코치의 문제해결 관여는 그런 암시를 하는 것과 같습니다. 코치가 문제해결에 관여하느라 학습의 촉진에 전념하지 못할 수도 있습니다. 가장 심각한 문제는 학습팀원들이 학습과 문제해결을 코치에게 의존하게 되고 코치도 학습팀원들의 자율성과 창의성을 신뢰하지 못하게 된다는 것입니다. 이것은 '스스로 학습한다'라는 액션러닝의 원리를 훼손하는 결과를 가져옵니다.

다음은 액션러닝 코치의 자질과 역량에 대해 알아보겠습니다. 여기서는 특히 전문코치를 염두에 두고 기술하겠습니다. 어떤 사람이 러닝코치로 적합하냐, 러닝코치가 되기 위해 어떤 훈련을 받아야 하느냐는 문제입니다. 크게 세 부분으로 나누어 생각해볼 수 있습니다. 첫째는 프로그램 운영 전반에 걸쳐 필요한 기본적 백그라운드로서 경영학 특히 전략과 조직론에 대한 소양이 필요합니다. 액션러닝은 조직의 문제해결과 학습을 위한 경영혁신 프로그램이므로 경영과 조직에 대한 기본적 지식과 안목이 없으면 다양한 주제를 다루고 다양한 관련자들과 소통하는 데 한계가 있을 것입니다. 둘째는 넓은 의미의 인품과 리더십입니다. 짧게는 석달, 길게는 1년 이상 학습팀원들 및 관련자들과 신뢰를 바탕으로 협동해나가면서 롤 모델이 되려면 이에 걸맞은 인품과 리더십을 갖춰야 할 것입니다. 셋째는 프로그램 운영 시 대부분의 시간이 소요되는 팀활동과 문제해결에 직접 필요한 스킬 또는 역량입니다. 코치가 되고자 하는 이들이 구체적으로 훈련해야 할 항목입니다. 세부적인 역량 항목들에 대해서는 김형숙 코치의 박사학위논문(2010)이 이론적인 면에서나 실무적인 면에서 가장 치밀하고 포괄적으로 다루었다고 필자는 판단하고 있습니다. 논문의 해당 부분을 참고하면 크게 도움이 될 것입니다.

〈액션러닝 코치 역량 모델〉

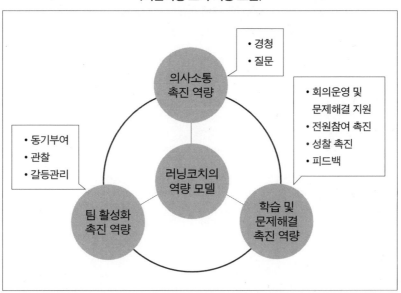

출처: 김형숙, 〈액션러닝 코치의 역량 모델 개발에 관한 연구〉(전북대학교 박사학위논문, 2010).

마지막으로 액션러닝 코치가 지녀야 할 코칭 철학에 대해 살펴보겠습니다. 이 철학은 그 내용의 논리적 타당성 여부를 떠나 액션러닝의 효과를 극대화하고 코치의 역할을 성공적으로 수행하기 위하여 반드시 필요한 액션러닝 코칭의 전제입니다. 러닝코치는 이 철학이 체화되어 말과 행동에서 자연스럽게 우러나와야 할 것입니다.

<액션러닝 코칭 철학>

- 모든 사람은 무한한 잠재능력이 있다.
- 학습은 사람의 본능이고 학습능력은 향상된다.
- 사람은 인지, 행동, 정서 등 전인적 차원에서 학습한다.
- 기본 가정과 기존 지식에 대해 질문하고 성찰하면서 성장한다.
- 실행하지 않으면 지식을 습득할 수 없다.

⑤ 액션러닝의 접근 방법

　　액션러닝은 회사마다, 코치마다, 프로그램마다 조금씩 다르게 운영되고 있습니다. '일과 학습의 통합', '자율적 실행과 학습', '소규모 팀 활동'이라는 기본 틀을 벗어나지 않으면서 개방적이고 유연하게 각자의 운영 방식을 정할 수 있습니다. 이처럼 다양한 운영 방식을 크게 다섯 가지 접근 방법으로 분류할 수 있습니다. 학습과 변화를 어떻게 일으키는가에 대한 가정의 차이에 따른 것입니다.

　　첫째, '과학적 접근법'을 강조하는 방식입니다. 이 방식은 문제해결에서 과학적 절차와 방법의 사용을 중시합니다. 일반적인 연구 절차처럼 철저한 조사분석을 통해 가설을 세워 검증하고 이를 토대로 해결안을 개발하여 실행한 후 그 결과를 피드백 합니다. 따라서 프로그램 운영 과정에서 정서적 측면보다 합리성이 강조됩니다. 이 방식은 리더십 및 팀개발보다는 문제해결에 일차적 초점을 두며 학습은 문제를 해결하는 과정에서 자연히 일어난다고 생각합니다. 조직의 긴급하고 중대한 문제를 해결하는 것이 프로그램 운영의 선결 목표일 때 이 관점에서 프로그램을 설계할 수 있을 것입니다.

둘째, '암묵적 학습'을 중시하는 관점입니다. 이 방식은 조직에서 일반적으로 시행하는 프로젝트 수행과 연계된 임원 교육훈련 프로그램과 비슷합니다. 프로젝트 수행 과정에서 부차적으로 일어나는 우연적 학습에 초점을 둡니다. 학습자들은 의식적으로 학습을 하는 것이 아니라 프로젝트를 수행하는 과정에서 자연스럽게 학습을 합니다. 전문가들로부터 필요한 지식과 정보를 제공받고 러닝코치를 따로 두지 않는 경우가 많습니다. 의식적인 학습을 중시하지 않는 까닭에 성찰을 위한 시간을 별도로 배정하지 않는 것이 보통입니다. 필자의 경험으로는 성찰과 러닝코치를 고려하지 않는 방식은 액션러닝으로 보기 어렵다고 생각합니다. 학문적인 논의는 별도로 치더라도 일반적인 전략개발 프로젝트팀의 활동이라 여겨도 될 것입니다.

셋째, '경험적 학습'을 중시하는 접근 방법입니다. 이 방식은 콜브의 '학습사이클'에 이론적 기반을 두고 있습니다. 경험에 의해서 사람들의 학습이 이루어진다는 가정하에 경험적·체험적 학습을 강조합니다. 사람들은 각자의 행동과 성찰에 기반한 경험을 통하여 학습합니다. '과학적 접근법'과 다른 점은 의도적인 성찰을 매우 중시하고 러닝코치의 역할을 강조한다는 것입니다. 러닝코치는 팀 구성원들이 행동과 성찰을 통해 충분한 학습을 할 수 있도록 돕습니다. 프로그램을 설계할 때는 문제해결과 학습을 모두 중시합니다.

넷째, '비판적 성찰'을 강조하는 접근 방법입니다. 이 방식은 경험학습에 기반을 두고 있지만 성찰을 더욱 강조합니다. 일반적으로 성찰은 개인이나 조직의 행동과 경험에 대해 깊이 생각하는 것을 의미합니다. '비판적 성찰'은 더 나아가 기존 지식과 기본 가정, 가치, 태도에 대해 의문을 던지고 새로운 관점을 형성합니다. 당연하게 받아들여진 조직의 기존 규범, 관행, 문화에 도전하고 변화를 도모합니다. 문제해결에 있어서는 문제를 재정의하고 기저에 깔려 있는 근본 원인을 찾고자 합니다. 여러 접근 방식 중에서 학습과 변화를 가장 중시하고 러닝코치의 적극적 학습촉진 역할이 요청되는 관점이라 할 수 있습니다.

마지막은, '통합적 접근법'입니다. 위의 네 가지 접근법은 각자 특정 방식을 강조하고 있지만 마쿼트 교수는 이 네 가지 관점을 통합하고자 'L = K + Q + R + I'라는 학습공식을 제시하였습니다. 학습은 '기존 지식 + 질문 + 성찰 + 실행'으로 일어난다는 의미입니다. 필자의 통찰과 경험으로는 이 '통합적 접근법'이 액션러닝의 학습과 변화 과정을 가장 잘 설명하고 있다고 생각합니다. 현재 우리나라 대부분의 공사조직에서 운영하고 있는 정규 프로그램의 액션러닝은 이 관점에 기반하고 있습니다. 액션러닝의 여섯 가지 구성요소도 이 관점에서 제 기능을 다할 수 있을 것이고 문제해결과 함께 학습효과도 극대화될 것입니다.

〈액션러닝의 접근 방법〉

- 과학적 접근법
- 암묵적 학습 접근법
- 경험적 학습 접근법
- 비판적 성찰 접근법
- 통합적 접근법

6 왜 액션러닝인가?

     필자는 액션러닝 코치로 일하면서 "왜 액션러닝인가?"라는 질문을 받은 적이 없습니다. 그러나 스스로는 묻습니다. 필자는 지난 30여 년 동안 경영 현장에서 또는 학문적 탐구 과정에서 수많은 경영혁신 프로그램을 경험했습니다. 유행처럼 휩쓸고 지나간 경영 트렌드도 많았습니다. 모두 제 나름의 특징과 장점이 있었고 당시의 시대적 경영 환경과 상황에 적응하려는 노력의 산물들이었습니다. 그런 프로그램들을 도입하기만 하면 모든 경영 현안이 해결되고 조직을 변화시키고 혁신을 계속하여 지속 가능한 성장이 실현될 것처럼 기대했습니다. 결과는 늘 새로운 프로그램이 필요하다는 것이었습니다. 어떤 프로그램도, 어떤 전략도, 어떤 대안도 필요 충분하지 않습니다. 모두 어떤 문제를 해결하거나 목표를 달성하려는 노력의 과정에서 제 나름대로의 역할을 할 뿐이었습니다.

     액션러닝에 대해서도 마찬가지로 생각하고 접근해야 한다고 필자는 믿습니다. 액션러닝은 일부 사람들이 주장하듯 결코 유일하거나 만능인 조직학습 방법이 아닙니다. 액션러닝은 잘 설계해서 운영하고 열심히 참여하면 조직의 학습과 변화 및 문제해결에 상당한 도움을 줄 수 있는 경영혁신 프로그램의 하나입니다. 이제 '왜 액션러닝인가'에 대한 필자 나름의 답을 정리해보겠습니다.

첫째, 액션러닝은 통합적 학습 방법입니다. 필자의 견문으로는 이제껏 이렇게 철저하게 통합적인 학습 프로그램은 없었습니다. 일과 학습이 하나가 되고, 문제해결 능력을 강화하면서 리더십을 함양하고, 새로운 지식을 습득하고, 경험과 실행을 통해 학습하고, 개인의 학습과 팀 및 조직의 학습이 통합됩니다. 이 모든 것들이 분리되지 않아야 하는 것임에도 불구하고 지금까지는 따로 수행되었습니다.

둘째, 액션러닝은 '학습 방법을 학습'합니다. 학습 방법을 학습한다는 말은 환경의 변화에 대응하여 필요한 지식을 스스로 배우고 배운 것을 현실에 적용하는 능력을 배양한다는 것을 뜻합니다. 생존능력, 고기 잡는 능력을 강화한다는 의미입니다. 액션러닝은 통합적 학습을 통하여 이 점에서 가장 탁월한 능력을 발휘합니다.

셋째, 액션러닝은 모든 조직의 모든 계층의 구성원들에게 적용 가능하고, 조직과 개인의 모든 문제를 다룰 수 있습니다. 작게는 한두 팀으로 시작해서 전 조직으로 확산해나갈 수 있습니다. 액션러닝은 그 체제의 유연성과 개방성으로 인하여 이러한 범용성을 장점으로 갖고 있습니다. 대부분의 경영혁신 프로그램이나 교육훈련 과정은 특정의 구성원들을 대상으로 하거나 특정의 과제를 다룹니다. 예를 간단히 들면 QC는 주로 생산공장을 중심으로 작업 현장의 개선 사항을 다루고, 프로젝트 팀은 조직의 정책적 사안을 특정 기간 동안 해결합니다.

마지막으로, 액션러닝은 학습조직과 지식경영으로 가는 유용한 수단입니다. 지금의 지식산업사회에서 학습조직과 지식경영은 이제 상식이며 필수가 되었습니다. 조직이 학습하지 않고, 새로운 지식을 창출하지 않고서는 결코 모든 변화를 극복할 수 없을 것입니다. 누구나 당연히 그렇다고 말합니다. 그러나 실제로 그 의미를 제대로 이해하고 학습조직과 지식경영을 지향하는 조직은 그리 많지 않습니다. 액션러닝은 학습조직과 지식경영으로 가는 유일한 방법은 아니지만 가장 유력한 방법입니다. 액션러닝이 전사적으로 시행되면 조직문화의 변화와 더불어 일과 학습이 일체가 되어 학습이 일상화되고, 새로운 지식의 생성과 공유가 활성화됩니다. 학습조직과 지식경영은 이 책의 범위를 벗어나는 것이기 때문에 여기서 더 이상 논하지는 않겠지만 액션러닝은 궁극적으로 학습조직과 지식경영을 지향하고 있고, 지향해야 한다는 것이 필자의 소신입니다.

〈왜 액션러닝인가?〉

- 통합적 학습 방법
- 학습 방법을 학습
- 모든 조직, 계층, 문제에 적용 가능
- 학습조직과 지식경영 지향

⑦ 액션러닝의 기대 효과

　　액션러닝에서 얻을 수 있는 효과는 무엇일까요? 실질적으로는 개별 프로그램의 운영 목적과 방법 및 결과에 따라 어느 정도 달라지겠지만 여기에서는 일반적으로 기대할 수 있는 것들만 간추려 소개합니다. 구체적인 기대 효과와 어떻게 그런 효과를 얻을 수 있는지는 독자들이 이 책을 다 읽고 난 후 자연히 파악하게 되리라 기대합니다.

조직 측면	개인 측면(리더십개발)
• 조직이 당면한 중요하고 긴급한 문제해결 • 조직의 학습 및 문제해결 능력 배양 • 조직변화 및 조직문화 형성 • 팀개발, 리더 양성 • 학습조직 구축 및 지식경영 구현	• 문제해결 · 학습 능력 향상 • 의사결정 · 갈등관리 능력 향상 • 의사소통과 대인관계 능력 향상 • 새로운 지식 습득 및 창의력 개발 • 평생학습, 지식근로 지향

8 액션러닝의 성공요소

      액션러닝 프로그램이 소기의 성과를 거두려면 앞에서 기술한 여섯 가지 구성요소가 유기적으로 제 기능을 발휘하도록 프로그램이 설계되고 운영되어야 합니다. 그러나 현실에서는 액션러닝이라는 이름 아래 다양한 방식으로 운영되고 있습니다. 2~3시간 또는 하루 8시간의 문제해결 미팅이나 아이디어 개발 회의를 하기도 하고, 참가자들이 연수원에 모여서 강의와 연계하여 문제해결과 학습을 위한 팀활동을 여러 날에 걸쳐서 하기도 합니다. 이런 사례들은 너무나 흔하고 다양해서 우리가 상상할 수 있는 거의 모든 방식의 과정들이 운영되고 있다고 생각해도 무리가 없을 것입니다. 이러한 과정들은 액션러닝의 여섯 가지 요소들 중 일부가 기능하지 않기 때문에 진정한 의미의 액션러닝이라 할 수 없습니다. 특히, 현장활동과 해결안의 실행이 없거나 러닝코치가 참여하지 않는 팀활동은 일반적인 '참여형 회의'나 '프로젝트팀'과 별 차이가 없습니다. 여기서는 성공적인 액션러닝을 위해서는 여섯 가지 구성요소가 각각 제 기능을 제대로 수행해야 한다는 것을 다시 강조하면서 필자가 코치의 입장에서 특히 실무적으로 중요하다고 느끼는 사항 몇 가지를 언급하겠습니다.

　　먼저, 적합한 문제의 선정입니다. 프로그램 운영 목적의 초점을 문제해결보다 리더십 배양 등 인재개발에 두는 경우가 있지만 어떤 경우라도 적합한 문제의 선정은 결정적으로 중요합니다. 프로그램 운영 목적의 중점이 어디에 있든 액션러닝의 성공 여부는 결국 문제해결 여부와 학습 효과의 크기에 의해 결정됩니다. 실무적으로 학습의 효과는 측정하기가 쉽지 않기 때문에 문제해결의 성공 여부가 사실상 액션러닝 프로그램 전체의 성공 여부를 좌우할 가능성이 높습니다. 특히, 액션러닝을 최초로 도입하는 경우에는 그 학습팀 활동의 성공 여부가 향후의 조직 내 확산의 시금석이 되므로 문제의 해결 가능성은 코치의 입장에서 최우선으로 고려해야 할 사항입니다. 여기서 주의할 점은 그 조직 내에서 중요하고 긴급하며 어느 정도 난이도가 인정되는 문제로서 해결 가능성이 높아야 한다는 것이지, 단순히 문제를 해결하기만 하면 된다는 것은 아닙니다. 러닝코치는 학습팀 및 주어진 자원과 상황 등 모든 조건을 고려하여 해결 가능성이 높은 최적의 문제가 선정되도록 노력하여야 할 것입니다. 상세한 문제선정 요령은 '액션러닝 프로그램의 설계' 및 '오리엔테이션' 장에서 논의하겠습니다.

　　다음은, 최고 경영자 또는 스폰서의 역할입니다. 액션러닝 운영 전반에 걸쳐 이들의 관심, 지원과 참여가 필수적이지만 특히 중요한 것은 학습팀원들의 참여와 열정에 대한 이들의 담보입니다. 리더의 모든 말과 행동은 구성원들의 방향타 역할을 합니다. 액션러닝에 대한 그들의 의지와 태도가 어떠하냐에 따라 학습팀원들의 참여와 열정의 정도가 사실상 결정됩니다. 참여와 열정의 바로미터는 성찰미팅의 출석률입니다. 일단 구성원 전원을 미팅마다 출석하게 할 수 있다면 운영상의 문제는 거의 없다고 볼 수 있습니다. 필자는 액션러닝의 준비 단계에서 최고경영자나 담당 임원에게 학습팀원들의 100% 출석을 담보할 것을 요구하고 약속을 받아둡니다. 이렇게 하더라도 실제로 미팅마다 100% 출석이 되는 경우는 흔치 않으므로 진행 과정에서 가끔씩 그들을 만나 경과를 보고하고 계속적인 지원과 관심을 요청합니다. 독자 여러분들은 액션러닝이 팀플레이라는 사실을 염두에 두시고 전원 출석을 확보할 수 있는 다양한 촉진책을 준비해야 할 것입니다.

　　마지막으로 러닝코치 자신들입니다. 대부분의 경우 러닝코치는 조직생활의 경험이 풍부하고 관련 이론적 지식을 지니고 있으며 액션러닝에 대한 전문적 훈련을 받은 사람들입니다. 특히, 그들은 학습욕구와 학습능력이 보통의 사람들보다는 훨씬 뛰어납니다. 그들은 새로운 것을 학습하고 변화하는 것을 즐기며 당연하게 여깁니다. 그들은 그런 기회를 끊임없이 찾습니다. 일반적인 조직 구성원들은 어떨까요? 대체로 학습과 변화를 싫어한다는 것이 답이 될 것입니다. 혹자는 변화를 거부하고 안정을 원하는 것은 사람의 본능이라고까지 말합니다. 그럴지도 모르겠습니다. 러닝코치는 그런 사람들과 한 팀이 되어 목적지까지 험난한 여행을 해야 합니다. 도중에 길을 잃을 수도, 서로 갈등을 겪을 수도 있습니다. 처음으로 액션러닝이라는 여행을 떠나는 사람들을 목적지까지 지름길로 안내하는 것이 코치의 역할입니다. 목적지를 정하고 팀원들이 전원 승선하면 나머지는 전부 러닝코치의 책임이라고 해도 별로 틀리지 않습니다. 물론 모든 참가자들이 액션러닝에 여러 차례 참가한 경험이 있어 익숙하다면 별도의 코치를 둘 필요성이 줄어들 것입니다.

이 경우에도 코치의 역할을 할 팀원을 따로 지정하지 않는다면 액션러 닝의 효과는 현저히 훼손될 것입니다.

<액션러닝의 성공요소>

- 여섯 가지 요소의 조화로운 기능 발휘
- 적합한 문제의 선정
- 최고경영자 및 스폰서의 의지
- 러닝코치의 능력, 열정

제2장

액션러닝 프로그램의 설계

1 프로그램 설계의 기본 방향

      액션러닝 프로그램을 설계한다고 하면 거창하고 복잡한 계획서를 머리에 떠올리는 분들이 많을 것입니다. 물론 처음부터 프로그램의 전사 도입을 검토한다든지 다수의 액션러닝팀을 운영하는 경우는 세밀한 운영계획을 사전에 세우는 것이 향후의 원활한 운영을 위해서 필요할 수 있습니다. 그러나 액션러닝의 체제는 기본적으로 개방적이고 유연하며 그 운영과정은 역동적입니다. 액션러닝의 진행과정에서 일어날 모든 상황을 사전에 예측한다는 것은 현실적으로 거의 불가능하고 필요하지도 않습니다. 따라서 불필요할 정도의 꼼꼼한 설계는 오히려 프로그램의 성공적 운영에 방해가 될 수도 있습니다. 학습팀원들의 자율적 몰입을 유발하고 과정의 역동성에 최대한 대처하려면 필요한 최소한을 계획해야 할 것입니다. 특별히 중대하지 않은 사항은 프로그램의 진행상황에 따라 그때그때 학습팀원들이 결정하여 시행해도 별 문제가 없을 것입니다. 단, 스폰서는 문제해결과 학습에 필요한 조치를 시행할 권한을 사전에 학습팀원들에게 위임해야 할 것입니다.

      프로그램 설계 시 염두에 두어야 할 가장 기본적인 사항은 도입 또는 운영 목적입니다. 목적이 무엇이냐에 따라 그 구성 내역과 운영의 흐름이 달라집니다. 크게 문제해결과 학습 중 어디에 중점을 두느냐, 인재개발과 조직개발 중 어디에 초점을 두느냐, 승진 대상자 선발이나 사내 MBA 같은 특정 교육과정 연계 등 별도 목적이 있느냐로 구분해 볼 수 있습니다. 이 외에도 다양한 부분적인 목적을 고려할 수 있습니다. 목적에 따른 프로그램의 설계는 액션러닝의 기본 철학과 원칙을 크게 벗어나지 않는다면 무엇이든 가능할 것입니다. 세부적 설계 요령을 여기서 다루는 것은 이 책의 목적 범위를 벗어나는 것이므로 더 이상 논의하지는 않겠지만 프로그램 설계 시 목적을 항상 최우선으로 염두에 두어야 한다는 것은 다시 한 번 강조합니다.

다음으로 염두에 두어야 할 사항은 주어진 상황 또는 조건을 고려한 설계를 해야 한다는 것입니다. 이것은 어쩌면 지극히 당연한 얘기로 들리겠지만 실무에서는 종종 상황 또는 조건을 충분히 고려하지 못한 무리한 계획이 세워집니다. 실례를 하나 들어보겠습니다. 매 학습팀 미팅에 주어진 시간은 2시간인데 한 팀의 구성원은 여덟 명이고 각자의 문제를 다루는 오픈 그룹(open group)으로 설계하였습니다. 미팅이 효과적이었을까요? 미팅 시간이 2시간이라면 실제 토의를 할 수 있는 시간은 통상 1시간 30분 이내인데 어떻게 여덟 개의 문제를 효과적으로 다룰 수 있었겠습니까? 이런 경우는 2시간이 주어진 조건이라면, 즉 변경할 수 없다면 한 팀의 구성원의 수를 네 명으로 하든가 문제를 하나의 공동 문제로 바꾸는 것이 보다 효과적일 것입니다. 다른 실례를 하나 더 들어보겠습니다. 팀은 여섯 개인데 코치는 단 한 명으로 설계하였습니다. 아무리 유능한 코치라 하더라도 몸이 여섯이 아닌 한 효과적인 프로그램의 운영이 가능했을까요? 현실적으로 애초에 불가능하였습니다. 그냥 시간만 때우다 흐지부지되고 말았습니다. 이런 일은 대부분 전문코치를 고용할 예산이 부족하든가 업무상의 이유로 팀 미팅에 충분한 시간을 확보하지 못함에도 불구하고 많은 인원을 교육시켜 실적을 올리고자 하는 교육부서의 의욕 때문에 생깁니다. 이 사례의 경우는 우선 우수한 사람들을 사내 코치로 양성한 후에 확대해나가는 것이 순서일 것입니다.

프로그램의 목적과 조건의 범위 내에서 앞 장에서 기술한 액션러닝의 여섯 가지 구성요소들이 조화롭게 기능을 발휘할 수 있도록 설계를 하는 것이 가장 바람직하고 실패의 여지를 줄이는 길이라고 필자는 생각합니다. 자원이 확보되지 않은 상황에서 의욕만 앞서거나 액션러닝에 대한 이해의 부족으로 인하여 구성요소 간의 조화와 균형이 무너진 무리한 설계를 한다면 문제해결과 학습 어디서도 필요한 성과를 거두지 못하여 그 조직에서 액션러닝은 중단되고 말 것입니다. 액션러닝 프로그램의 설계는 러닝코치가 단독으로 할 수 있는 일은 아닙니다. 이미 짜여진 프로그램을 코치가 그냥 운영할 수밖에 없는 경우도 많습니다. 바람직한 경우는 코치와 교육 담당자가 충분히 의견을 나누어가

〈프로그램 설계의 기본 방향〉

- 필요한 최소한의 기본 사항만 계획한다.
- 도입 또는 운영 목적을 고려한다.
- 주어진 상황 또는 조건을 염두에 둔다.
- 액션러닝의 여섯 가지 구성요소가 조화롭게 기능하도록 설계한다.

며 목적과 자원의 범위 내에서 최선의 방법을 찾도록 조율해나가는 것입니다. 이후에는 표준적 프로그램의 설계를 염두에 두고 설명해나가겠습니다.

❷ 문제 선정

❶ 어떤 문제를 선정해야 하나?

원칙적으로 한 조직이나 개인이 꼭 해결하기를 원한다면 어떤 문제라도 다룰 수 있습니다. 전문코치의 입장에서 고객 회사 스폰서의 요구를 거절하거나 설득하기가 쉽지 않을 때도 있습니다. 그러나 일반적인 경우, 액션러닝에 잘 어울리는 문제는 있습니다. GE의 문제에 따른 프로그램 구분 방법을 기억하실 것입니다. 액션러닝은 기본적으로 복잡한 비정형/정성적 문제의 해결에 보다 효과적입니다. 러닝코치는 적합한 문제의 선정이 프로그램 성공의 핵심 요소 중 하나라는 사실을 늘 염두에 두어야 합니다.

액션러닝을 전사적으로 운영하거나 여러 개의 학습팀을 동시에 운영하는 회사들 중에 자체적으로 문제 선정 기준을 미리 정해두는 회사가 있습니다. 이 기준은 문제의 선정이나 우선순위를 결정할 때 일종의 지침으로서 방향성을 제시하고 혼란을 방지하는 기능을 합니다. 이런 문제 선정 기준 중에는 하나마나한 뻔한 소리나 액션러닝의 원칙이나 속성을 잘못 이해한 내용도 포함되어 있어 차라리 기준이 없으면 낫겠다는 생각이 드는 경우도 있습니다. 아래에서는 적합한 문제를 선정하기 위해 실질적인 체크리스트 역할을 할 수 있는 기준과 문제의 사례를 간추려 보겠습니다.

〈문제 선정 기준〉

- 문제가 프로그램 도입, 운영 목적에 부합하는가?
- 문제가 주어진 조건과 상황에 적합한가?
- 중요하고 긴급하며 복잡한 문제인가?
- 다양한 해법이 나올 수 있는 비정형/정성적 문제인가?
- 기술적이거나 연구 문제보다는 조직적 문제인가?
- 논리적인 결론보다는 구성원의 합의나 동의가 중요한 문제인가?
- 실질적이고 조직의 이익과 직결되며 꼭 해결해야 하는 문제인가?
- 기간 내 팀원들이 해결할 수 있는 문제인가?
- 팀원 중 한두 명이 익숙하거나 전문성이 있는 문제인가?
- 개인이 아니라 팀으로 해결하는 데 적합한 문제인가?
- 아이디어나 창의적 접근이 필요한 문제인가?
- 통상의 직무과정에서나 외부 전문가를 통해서는 해결할 수 없는 문제인가?
- 팀원들에게 의미 있는 문제인가?
- 팀원들에게 학습기회가 주어지는 문제인가?
- 팀원들에게 실행의 권한이 주어지는 문제인가?
- 스폰서가 해결을 원하는 문제인가?
- 해법의 도출과정과 실행과정에서 예산, 인력 등 과다한 자원이 필요치 않은 문제인가?

〈실제 문제 사례〉

- A 제품 경남지역 시장점유율 향상
- B 제품 납기 단축
- 임원 승진 대상자 역량 향상 방안
- 고객서비스 향상
- 우수인재 채용
- 이직률 감소
- 자기계발 몰입 방안
- 조립공정 개선

- 고객 클레임 감소
- 고객 로열티 제고
- 임원 역량 평가모델 개발
- 지식경영 구현 방안
- 비수기 매출하락 해소
- 조직문화 진단 및 변화
- 제안제도 도입 방안

② 개인의 문제인가? 팀의 문제인가?

문제가 팀원 개인 각자의 관심사인가, 팀원 전원의 공동 주제인가에 따라 문제 선정 기준이 달라지고 이후의 문제를 다루는 프로세스나 학습팀 미팅 시의 회의 방식이 달라집니다. 앞에서 언급한 문제 선정 기준이나 실제 문제 사례는 모두 학습팀의 공동 문제를 전제로 기술한 것입니다. 전자는 '복수 문제(open group program)'라 부르고 후자는 '단일 문제(single project program)'라 부릅니다. 이 책의 대부분의 내용은 단일 문제를 전제로 구성되었고 다른 곳에서 따로 논의할 여유가 없기 때문에 여기에서는 복수 문제에 관해서만 설명하겠습니다.

'복수 문제'라는 말은 한 학습팀에서 여러 개의, 즉 팀원 숫자만큼의 문제를 다루기 때문에 붙여진 용어입니다. 우리가 기존에 알고 있는 프로젝트팀은 보통 한 개의 공동 문제를 다루고 두 개 이상의 문제를 다루더라도 항상 공동 문제를 다룹니다. 그런데 '복수 문제'를 다루는 액션러닝 학습팀은 팀원 개인 각자의 문제를 다룹니다. 각 문제가 팀원 전원의 공동 주제가 아니라 어느 팀원 한 사람의 개인 관심사입니다. 액션러닝에 한 번도 참여한 적이 없는 사람들은 도대체 어떻게 팀원 수만큼의 문제를 동시에 다룰 수 있을까 하고 매우 의아해할 수 있습니다.

복수문제 학습팀은 주로 개인이 직면한 중요하고 긴급한 문제를 다룹니다. 문제를 제시한 사람 개인의 문제이고 팀의 다른 사람에게는 원래의 관심사가 아니므로 복잡한 문제는 다루기 곤란합니다. 팀원들은 서로의 개인적인 문제를 해결하는 데 도움을 주기 위해 모였습니다. 만약 개인의 문제라서 문제의 주인 혼자서 해결해야 한다면 오직 자기 자신만의 경험과 지식에 의존해서 외롭고 불안하게 고민해야 할 것입니다. 물론 개인차가 있어 혼자서도 충분히 자기 문제를 잘 해결해나가는 사람들도 있지만 호의를 가진 다른 사람들이 각자의 경험과 지식을 나누어준다면 문제는 훨씬 잘 해결될 것이고 이를 통한 학습의 효과는 매우 클 것입니다. 우선 어떤 문제들이 복수 문제들로 적합한지 보겠습니다.

〈복수 문제의 예〉

- 신임 팀장으로서의 부서 통솔 리더십
- 근무평가에 반발하는 부하와의 면담
- 대화를 거부하는 자녀와의 관계 개선
- 직장의 일과 개인적 삶의 균형
- 개인 매출실적 향상
- 상사의 인정을 받는 방법
- 퇴직 후 노후 대비
- 재테크 방법

예에서 보듯이 조직생활과 개인의 삶에서 겪을 수 있는 거의 모든 문제가 대상이 됩니다. 주의해야 할 점은 공개적으로 논의하기 민감한 문제는 피해야 한다는 것입니다. 정치적 입장이나 종교적 고민, 특정 가치관을 전제로 하는 문제 등은 적당하지 않습니다. 비록 개인에게는 중요하고 긴급하며 억울한 문제라고 하더라도 다른 사람들이 가치관이나 입장을 달리할 수 있는 문제라면 누구도 공개적으로 토의하고 싶어 하지 않을 것입니다. 예를 들어, 자기의 이혼에 대해 직장동료들이 수군 거리는 문제를 해결하고자 한다면 보수적인 가치관을 가지고 있는 팀원은 말을 하지 않을 가능성이 높습니다.

학습팀이 복수 문제를 다루기로 설계되었다면 학습팀원의 구성에 세심한 주의를 기울여야 합니다. 일반적으로 사람들은 이해관계가 있거나 자기를 잘 알고 있는 사람들과는 자기의 문제를 얘기하는 것을 꺼려합니다. 따라서 같은 부서나 학연·지연이 있거나 개인적 친분이 있는 사람들은 한 팀에 넣지 않도록 주의할 필요가 있습니다. 같은 연령 대나 같은 직급의 사람들로만 팀이 구성되는 것도 바람직하지 않습니다. 비슷한 가치관이나 경험을 가지고 있을 가능성이 높아 다양한 질문과 의견을 기대하기 어렵습니다.

복수문제 학습팀이 단일문제 학습팀보다 확실히 다른 점 하나는 굳이 한 조직 내에서 팀을 꾸리지 않아도 된다는 것입니다. 그 팀이 다루기에 적당한 문제이기만 하다면 특정 관심 사항을 공유한 동호인 모임도 훌륭한 복수문제 학습팀이 될 수 있습니다. 이런 모임일 경우 이해 관계나 의무가 거의 없는 상황에서 좀 더 솔직한 대화가 이루어지고 대가 없이 서로를 도우려는 진정한 의도가 문제해결과 학습의 성과를 높일 가능성이 큽니다.

복수문제 학습팀의 문제해결 프로세스나 학습팀 미팅 시의 회의 방식은 단일 문제의 경우와는 상당히 다릅니다. 우선 미팅 시 각 팀원을 위해 사용될 시간을 똑같이 배정합니다. 팀원이 다섯 명이고 미팅 시간이 3시간이라면 실제로 각자의 문제해결에 사용할 수 있는 시간은 30분입니다. 이 30분 동안에 문제 제시자가 자기의 문제를 설명하고 팀원들이 질문을 하거나 조언을 하는 등 문제해결에 필요한 모든 활동을 마무리해야 합니다. 한 번의 미팅에서 다섯 문제를 차례로 다루어야 하므로 러닝코치는 시간관리에 특별히 신경을 써야 하고 짧은 시간에 문제 제시자가 자신의 문제해결에 필요한 도움을 받을 수 있도록 적절한 질문으로 개입할 수 있어야 합니다.

아주 간단한 문제는 첫 번째 미팅에서 해결될 수도 있지만 대부분의 경우 두세 차례 또는 그 이상의 추가 미팅이 필요합니다. 미팅과 미팅 사이에는 지난 미팅에서 있었던 토의 내용에 대한 현장활동을 수행합니다. '근무평가에 반발하는 부하직원과의 면담'이 문제였다면 1차 미팅 때의 토의 내용을 바탕으로 부하직원과 1차 면담을 하든가 효과적 면담을 위한 인터뷰 또는 코칭스킬 훈련을 받든가 합니다. 2회차 이후 미팅에서는 현장활동과 문제해결에 대한 경과를 설명하고 다시 팀원들의 질문과 도움을 받습니다. 이렇게 미팅을 계속해나가면서 문제가 해결된 팀원은 다른 문제를 다시 제시하고 계속 팀에 남아 있든가 팀에서 빠질 수 있습니다. 문제가 해결된 팀원이 팀에서 빠질 경우 팀은 다른 팀원을 추가로 영입하든가 남은 팀원으로 계속하든가 결정할 수 있습니다. 이런 사항은 미리 설계에서 고려할 수도 있고 팀에서 그라운드 룰로 사전에 정해둘 수도 있습니다.

　　복수문제 학습팀은 한 팀에서 여러 개의 다른 문제를 다루면서 상호 질문·답변하고 의견을 주고받는 과정을 통해 팀 동료들의 다양한 경험과 관점을 공유합니다. 한편, 이 방식은 조직의 중요하고 복잡한 문제를 다루지 않으므로 경영진의 관심과 지원을 받기 어렵고 리더의 중요한 역량 중의 하나인 문제해결 능력을 학습하는 데에 상당한 제한이 있습니다. 현재로서 필자는 액션러닝이 조직 내에 상당히 확산되어 정착될 때까지는 복수문제 학습팀을 설계하지 않는 것이 전략상 좋다고 판단합니다. 더 많은 경험과 추가 연구가 필요한 사안입니다. 복수 문제를 다루는 프로세스는 매우 단순하므로 이 정도에서 논의를 마쳐도 충분할 것 같습니다. 마지막으로, 학습팀 미팅의 실제 모습을 이해할 수 있도록 개략적인 어젠다를 예시하겠습니다.

〈복수문제 학습팀 미팅 어젠다〉
(팀원 5명, 미팅 시간 3시간)

15:00~15:10　아이스브레이크/어젠다/발표순서

15:10~15:15　문제 제시 (2회차 이후는 문제해결의 진행상황 및 현장활동 보고)

15:15~15:35　질문, 토의, 조언 등 문제해결 활동 (다양한 아이디어 개발 방법 사용)

15:35~15:40　정리, 성찰/피드백

　　　　　　　이후 순서 바꿔가며 같은 과정 반복 (중간 휴식 10분)

17:50~18:00　최종 성찰/피드백

---

③ 누가 문제를 선정하는가?

앞에서 정리한 문제 선정 기준에 의해 문제를 선정하더라도 '누가 문제를 선정하느냐'는 매우 중요합니다. 기본적으로 세 가지 방식이 있습니다. 첫째는, 액션러닝을 주관하는 부서가 전사적 계획이나 필요성에 의해 사전에 정해진 문제들을 각 팀에 적절히 배정하는 것입니다. 둘째는, 경영진 또는 스폰서가 전략적으로 문제를 결정하여 학습팀에 제시하는 것입니다. 셋째는, 학습팀이 자율적으로 자기들이 다룰 문제를 선택하는 것입니다. 세 가지 방식 각각 장점과 단점이 있고 액션러닝을 도입하거나 운영할 당시의 상황과 관련이 있습니다.

첫째 방법은 동시에 여러 개의 학습팀을 운영하면서 조직의 다양한 문제들을 계획적으로 해결하고자 하는 경우와 최초로 액션러닝팀을 도입·운영하면서 그 성과를 시험하기 위해 적합한 문제를 제시하는 경우에 적당한 방법입니다. 사전에 각 부서의 의견을 수렴하여 문제의 예비 리스트를 만들고 문제 선정 기준에 의해 문제를 선정한 후 추첨 또는 희망에 의해 각 팀에 배정합니다. 이 방식의 장점은 조직이 꼭 해결하기를 원하는 문제들을 다룰 수 있다는 점입니다. 모든 조직은 많은 문제를 가지고 있습니다. 현재 잘나가고 있는 조직이라도 여전히 문제는 있습니다. 문제가 없는 조직은 죽은 조직이나 다름 없습니다. 액션러닝을 통해서 경영성과를 올리거나 경영혁신을 하고자 하는 것이 일차적 목적이라면 이 방식을 택해야 할 것입니다. 반면, 학습팀원들 입장에서는 자신들의 기본적 업무 이외에 조직의 중요한 문제를 해결해야한다는 상당한 부담을 안게 되고 스스로 선택하지 않은 문제를 다룸으로써 흥미와 몰입도가 떨어질 우려가 있다는 단점이 있습니다. 따라서 이 방식은 문제와 학습팀원들의 구성을 상호 매칭시키는 것이 매우 중요합니다.

둘째 방법은 경영진 또는 임원들이 각자 꼭 해결하고자 하는 문제가 있을 때 택할 수 있는 방법입니다. 이들은 대부분 평소에 이런 문제들을 해결할 기회를 찾고 있다가 자기 소속 부서에 액션러닝팀이 구성되면 전략적 문제를 제시합니다. 이 방법의 장점은 소속 부서의 상사의 관심사이며 소속 부서의 성과 창출에 직접 기여할 수 있으므로 동기부여 측면에서 매우 바람직하다는 것입니다. 주어진 문제의 해결에 가장 적당한 구성원들로 팀을 꾸릴 수 있다는 점과 상사, 즉 스폰서의 강력한 지원과 실행력을 기대할 수 있는 것도 강점입니다. 그러나 같은 부서의 사람들로 구성된 팀은 고정관념과 편견을 벗어나기 어렵고 의견과 아이디어의 다양성이 떨어질 우려가 있습니다. 서로 잘 아는 사람들끼리 모여서 갈등이 빚어지는 등 리더십 함양에 장애가 예상된다는 점도 단점입니다. 이 방법은 각 부서의 문제해결과 성과 증진이 일차적 목적일 때 가장 적합합니다.

마지막 방법은 전형적인 보텀업(bottom-up) 방식입니다. 학습팀이 자율적으로 문제의 현상들을 조사하여 리스트를 만들고 우선순위에 따라 문제를 선정합니다. 학습팀이 다루고 싶고 능력에 적합한 문제를 선정할 수 있습니다. 스스로 선택한 문제의 해결에 높은 책임의식을 가집니다. 당연히 열정과 몰입도가 높습니다. 이 방식의 가장 큰 장점은 높은 학습 효과가 예상된다는 것입니다. 문제의 현상들을 조사하는 것에서부터 학습팀이 참여하므로 문제해결과 의사결정의 온전한 프로세스를 처음부터 끝까지 경험할 수 있습니다. 러닝코치의 입장에서는 이 방식이 가장 선호될 것입니다. 필자의 경험도 같습니다. 약점은 있습니다. 스폰서의 마음에 들지 않는 문제가 선정되면 스폰서의 관심과 지원을 기대하기가 쉽지 않습니다. 해법의 채택을 스폰서가 거절할 우려가 있으므로 해법의 실행 가능성도 담보할 수가 없습니다. 문제의 선정과정에서 자기가 제안한 문제가 선정되지 않은 팀원들의 사기 저하도 일시적으로는 염려할 사안입니다. 필자는 HRD 담당과 프로그램의 설계를 논의할 때 특별한 사정이 없는 한 이 방식의 채택을 건의하였고 대부분 이 방식이 선택되었습니다.

③ 학습팀 구성

① 학습팀 구성원은 몇 명이 적당한가?

가장 이상적인 학습팀 구성원의 수를 정하라면 필자는 여섯 명으로 하겠습니다. 액션러닝의 대가 마이클 마쿼트는 4~8명을 제안하였습니다. 팀원의 수가 여덟 명을 초과하면 개인별로 발언하거나 참여할수 있는 기회가 제한되고 회의가 산만해지는 등 집중도가 떨어집니다. 구성원 중 특정인에게 회의의 중심이 쏠리는 현상도 발생할 우려가 있습니다. 가장 염려가 되는 것은 무임승차(free riding)에 대한 유혹이 생긴다는 것입니다. 네 명 미만이면 관점과 의견과 아이디어의 다양성이 떨어집니다. 팀의 활력도 현저하게 떨어집니다. 집단지능의 장점을 살리기어려워지게 되는 것입니다. 가장 큰 취약점은 구성원 중 한두 명이 결석하거나 참여도가 떨어지면 팀을 꾸리는 실질적 의미가 없어지게 된다는 사실입니다.

마쿼트의 4~8명 제안이 대체로 타당하다는 것을 필자는 현장에서 확인하였습니다. 그럼에도 불구하고 필자가 굳이 여섯 명을 주장하는 이유는 소규모 그룹에서 팀원 한두 명이 더 있고 없고는 팀 운영의 효과와 효율에 매우 중대한 영향을 미친다는 사실을 누적된 경험을 통해 알았기 때문입니다. 현실적으로 모든 미팅에 팀원들이 100% 출석한다는 것은 기대하기 어렵습니다. 팀원이 4~5명이면 3~4명으로 미팅을 해야 하는 경우가 자주 생깁니다. 또, 7~8명이면 집중해서 대화를 하기에는 좀 많다는 것이 필자의 현장 경험입니다. 그래서 여섯 명이 최적입니다. 팀 미팅이나 현장활동에서 두 명씩 짝을 지어 활동을 하는 경우가 많다는 것도 필자가 여섯 명을 고집하는 이유 중 하나입니다. 그렇다면 결정적 문제는 어떻게 여섯 명으로 구성된 팀을 꾸릴 수 있느냐는 문제입니다. 별로 어렵지 않습니다. 러닝코치가 조직의 HRD 담당이나 임원에게 액션러닝을 제대로 이해시킬 수만 있다면 간단히 해결될 수 있는 문제라는 것이 필자의 경험입니다.

2 지원자로 할 것인가? 지명할 것인가?

다음으로 생각해볼 문제는 스스로 액션러닝에 참여하겠다고 의사를 표시한 희망자로 할 것이냐, 조직에서 참여할 사람을 임의로 지명할 것이냐입니다. 두 방법 모두 일정한 기준에 의해 선발하지만 액션러닝을 하는 목적과 문제, 상황에 따라 어떤 방법을 사용할지를 결정할 수 있을 것입니다. 특정 직급의 승진 대상자들을 위한 프로그램이라면 회사에서 지명해야 할 것입니다. 그리고 특정한 문제를 해결하는 것이 주 목적이라면 그 문제의 해결에 이해관계를 가진 지원자나, 관심과 필요한 지식 및 역량을 가진 지원자들로 팀을 꾸릴 수 있을 것입니다. 이런 일에 대한 판단은 필요에 따라 어렵지 않게 내릴 수 있습니다. 액션러닝을 처음 도입하는 경우는 상당히 신중하게 전략적 판단을 할 필요가 있습니다. 이후에 액션러닝을 전사적으로 확산시킬 선구자 역할을 할 수 있는 사람들을 선발해야 할 것입니다. 학습욕구, 성취동기와 도전의식이 높은 사내코치 희망자들과 HRD 담당자를 최초의 액션러닝팀에 참여시키는 것이 바람직합니다. 두 가지 방식을 동시에 사용하여 지명된 사람의 동의를 받거나 자원자 중에서 적임자를 심사하여 선발할 수도 있습니다. 일반적으로는 사전 계획에 따른 일정한 기준에 의해 참여할 사람들을 선발하는 것이 보통입니다.

3 구성원의 다양성은 어떻게 확보하나?

구성원의 배경이 어느 정도로 다양해야 좋을까요? 팀의 안정성이 유지될 수 있다면 다양할수록 좋습니다. 조직에서 흔히 고려할 수 있는 인적 변수는 직급, 연령, 성별, 소속부서, 직렬, 학력, 전공, 출신지역 등입니다. 한 팀의 구성원 수를 여섯 명으로 한다면 이 모든 요소를 꼼꼼히 고려한 팀 구성은 이론상으로는 몰라도 실무적으로는 가능하지 않습니다. 실질적으로 고려할 수 있는 요소는 직급, 직렬, 전공, 소속부서 정도입니다. 팀 구성원의 인적 배경의 다양성은 문제해결의 질과 학습의 효과에 결정적 영향을 미칠 수 있습니다. 복잡한 문제일수록 전문성보다는 다양성이 문제해결에 도움이 된다는 연구결과도 있습니다. 현실적으로 대부분의 공사조직에서 같은 직급 또는 계층으로 팀을 구성하므로 최소한 소속부서와 전공 또는 직렬이라도 다양하게 구성한다면 기본적인 다양성 확보에 별다른 문제는 없을 것입니다. 폭넓은 의견의 수렴과 합의가 중요한 문제라면 직급까지 고려하여 다양성을 확보할 필요가 있을 것입니다.

팀 구성원들의 인적 배경의 다양성을 확보하기 위해 사전에 MBTI와 DISC 같은 성격검사나 행동유형검사를 하는 경우가 있습니다. 이론상으로는 근거와 필요가 있겠지만 실무적으로는 번거로운 절차라는 생각이 듭니다. 위에 언급한 정도의 변수만 고려하더라도 필요한 다양성이 확보될 것이고 성격이나 행동유형도 어느 정도는 고르게 분포될 것입니다. 굳이 팀 구성에 성격을 고려한다면 외향·내향의 구분 정도로도 충분하다고 생각합니다.

팀 내에 선정 문제를 잘 이해하거나 전문성을 가진 사람은 몇 명 정도 있으면 좋을까요? 보통의 경우는 한 팀이 여섯 명이라면 두 명이 적당합니다. 그러나 문제의 난이도가 극도로 높고 전문적인 사안이라면 세 명 정도도 좋다고 생각합니다. 이런 경우도 전문가가 절반을 초과하는 것은 바람직하지 않습니다. 액션러닝은 문제에 대한 전문적 지식보다 관점의 다양성이나 창의적인 아이디어가 문제해결의 질을 높인다고 전제합니다. 팀에 전문가가 많으면 다른 팀원들이 전문가에게 의존하게 되고 질문을 두려워하는 등 참여도가 떨어지게 됩니다. 전문가들이 문제해결을 주도하게 되고 팀활동의 다양성과 역동성이 떨어집니다. 한편, 전문가가 전혀 없으면 대화의 초점이 흐려지고 회의 시간이 길어지는 등 논의만 풍성하고 구체적 결과는 잘 나오지 않게 됩니다.

4 조직 외부의 사람은 어떻게 참여시키나?

아이디어의 다양성을 높이고 여러 이해관계자들의 의견을 폭넓게 수렴하기 위하여 조직 외부의 사람을 팀에 합류시키는 경우가 있습니다. 조직 내부인들은 새로운 사람들의 관점을 수용하고 자신들의 고정관념과 편견, 기존 지식에 도전할 수 있는 기회를 얻게 됩니다. 고객, 공급업자, 유통채널, 필요에 따라서는 학자와 전문가도 참여시킬 수 있고 참신한 시각을 가진 젊은 직장인이나 학생도 참여시킬 수 있습니다. 처음부터 끝까지 전 과정에 참여시킬 수도 있고 문제인식, 원인조사 및 실증, 현장활동, 해결 아이디어 개발 등 필요한 단계에 한해 부분적으로 참여시킬 수도 있습니다.

몇몇 회사의 특별한 예를 제외하고 아직까지는 우리나라 기업의 액션러닝에 외부인을 참여시켰다는 보고는 별로 없습니다. 번거로운 절차와 팀원들의 정서적 불편함, 기업 비밀유지의 필요성 등이 제약 요인으로 작용하는 것 같습니다. 성과 창출이나 액션러닝의 발전을 위해서 앞으로는 외부인의 활용 기회를 늘려보는 것이 매우 바람직할 것 같습니다. 단, 학자 등 외부 전문가의 참여에 대해서는 신중할 필요가 있습니다. 그 사람의 전문성이 문제해결이나 학습을 위하여 꼭 필요한 경우에 해당 단계에서 필요한 시간만 강의, 자문 또는 검토의 방법으로 참여시키는 것이 무난할 것입니다.

마이클 마쿼트의 저서 《액션러닝의 힘》에 실린 '피자 배달원의 질문'에 관한 애기가 외부인 참여의 효과에 대한 좋은 사례가 될 것 같아 요약·인용합니다.

한 엔지니어링 회사가 정부의 프로젝트를 수행하기 위해 액션러닝 팀을 운영하고 있었는데 마감 날짜가 다가오는데도 일의 진척이 별로 없었다. 어느날 저녁 식사로 피자를 배달시켰는데 팀장이 다소 엉뚱한 제안을 했다. "경험과 생각이 전혀 다른 사람의 참신한 아이디어가 필요하다. 피자 배달원을 회의에 참여시키자." 그래서 별도의 팁을 주기로 하고 피자 배달원에게 회의에 참여하여 할 말이 있으면 질문을 하라고 요청했다. 얼마간 논의의 내용을 들은 피자배달원은 성의를 보여야겠다는 생각으로 벽에 걸린 차트의 화살표가 왜 A에서 F로 움직이는지를 물었다. 이 한마디의 엉뚱한 질문에 팀원들은 새로운 관점에서 문제를 보기 시작했고 그동안 당연시해온 기본 가정들을 재검토하였다. 결과, 3천 5백만 달러의 정부 예산을 절감할 수 있는 획기적 안을 완성할 수 있었다.

⑤ 구성원의 바람직한 속성은?

액션러닝팀의 구성원들이 이러이러한 성격과 태도·역량을 가졌으면 좋겠다고 생각하는 이론가, 러닝코치, 실무가들이 있습니다. 모든 일에는 적임자가 있다는 관점에서는 원칙적으로 옳은 생각입니다. 그러나 학습이 중요한 목적인 액션러닝을 통해 그런 자질들이 길러져야 하고 인간은 누구나 성장할 수 있는 잠재능력이 있다는 철학과 관점에서는 전략적으로 접근해야 할 사안입니다.

액션러닝을 최초로 도입했을 때는 초기 학습팀들의 운영 성과가 특히 중요합니다. 학습과 문제해결, 두 측면 모두에서의 성과가 이후의 조직 내 확산에 결정적 영향을 미치기 때문입니다. 따라서, 최고의 성과를 낼 가능성이 높은 학습팀을 꾸리고 문제를 선정해야 합니다. 또 하나의 이유는 도입 초기에 액션러닝의 구성원으로 참여한 사람들은 사내코치로 양성될 필요가 있기 때문입니다. 이들이 이후의 사내 확산에 우군이 되고 첨병이 될 것입니다. 액션러닝이 조직에 어느 정도 정착된 이후에는 개인과 조직이 학습을 통해 성장하고 경영을 혁신하는 학습조직 문화가 형성되어야 할 것입니다. 아래에 마이클 마쿼트가 정리한 팀 구성원의 바람직한 속성을 인용합니다. 대체로 액션러닝에 참여함으로써 개발 또는 향상되어야 할 태도, 자질과 역량이지만 러닝코치에게는 훌륭한 참고가 됩니다.

〈구성원의 바람직한 속성〉

- 문제해결에 대한 열정
- 경청 능력, 질문 능력
- 타인을 인정하고 존중하는 태도
- 자신을 개방하고 타인으로부터 배우려는 자세
- 실행과 성취 의지
- 인간의 학습능력과 잠재능력에 대한 믿음

④ 학습코치 선임

① 전문코치인가? 사내코치인가?

원칙적으로 당해 러닝코치가 얼마나 코칭 역량을 제대로 갖추고 있느냐의 문제입니다. 전문코치라도 역량이 충분치 않을 수 있고 사내코치도 훌륭한 사람이 있을 수 있습니다. 코치로서 전문적인 훈련을 받았고 경험을 쌓은 사람이라면 조직 내 사람이냐, 외부의 사람이냐는 그리 중요하지 않습니다. 액션러닝을 도입하면서 비용 부담을 적게 하기 위하여 소속 직원에게 초보적인 러닝코치 교육을 받게 하고 프로그램을 시작하는 회사가 있습니다. 이런 경우 액션러닝의 성공적인 조직 내 확산이 좌절되는 실패를 겪게 마련입니다. 프로그램을 제대로 운영할 수 있을 정도의 실력을 갖춘 러닝코치가 되는 데는 기본적인 소양이 있는 사람이라도 상당한 훈련과 경험이 필요합니다. 수많은 시행착오를 겪으며 제 나름의 통찰과 스킬을 습득하게 됩니다. 이런 점을 고려할 때 프로그램의 도입 초기에는 검증된 전문코치를 활용하고 점진적으로 사내코치를 양성해 나가는 것이 순서입니다.

전문코치냐 사내코치냐를 결정할 때 몇 가지 더 고려할 사항이 있습니다. 사내코치는 대부분 자신의 원래 직무를 수행하면서 액션러닝 코치의 역할을 겸하게 되므로 몰입도가 떨어지거나 동료인 팀 구성원들에 대한 리더십 발휘가 다소 어려울 수 있습니다. 물론, 러닝코치가 자신의 전업 직무일 경우는 별다른 문제가 없겠으나 러닝코치를 별도로 두려는 회사가 있을까요? 사내코치를 팀 구성원들이 교대로 할 수도 있다는 주장이 있습니다. 이상론일 뿐 실무적으로는 무리입니다. 차라리 액션러닝이 아니더라도 다른 프로젝트팀처럼 코치 없이 하는 것이 나을 것입니다. 전문코치를 고용할 경우 회사의 기밀유지에 문제가 생길 수 있다는 논의를 전개하는 이들이 있습니다. 필자의 견해로는 이론상의 논의일 뿐입니다. 이것은 수많은 경영 및 기술 서비스 전문가들이 종사하는 이 시대의 일반적인 직업윤리에 관한 문제입니다.

② 코치 한 명이 복수의 팀을 담당할 수 있나?

전문코치를 고용할 때의 비용 문제이거나 사내코치로 할 경우의 인력 부족 문제입니다. 한 사람의 코치가 동시에 복수의 학습팀을 코칭하는 것이 물리적으로 불가능하지는 않습니다. 각 팀의 구성원들이 액션러닝에 참가한 경험이 풍부하여 회의 시 사용되는 경청, 질문, 성찰 등의 스킬이나 문제해결 절차와 도구에 익숙하다면 예산이나 인력을 절감하기 위해 그런 설계를 할 수도 있겠습니다. 그러나, 이 경우도 코치의 능력이 탁월해야 하고 학습과 문제해결의 질이 어느 정도 떨어지는 것을 감수해야 할 것입니다. 현실적으로는 그럴 정도로 탁월한 코치도 거의 없고 경험이 풍부한 구성원들도 흔치 않습니다. 객관적 시각으로 관찰하고 적절한 시기에 개입하는 코치의 헌신 없이는 충분한 학습효과를 기대하기 어렵다는 것이 필자의 경험입니다. 각 팀 구성원들이 미팅 시간 동안 일을 하지 못하거나 휴일을 갖지 못하는 기회비용을 감안한다면 코치의 고용 비용은 상대적으로 그리 크지 않다는 점을 생각해보기 바랍니다.

기본적으로 팀당 한 명의 코치가 필요합니다. 여러 가지 사정상 복수의 학습팀을 운영하면서 전문코치를 한 명밖에 고용할 수 없다면 각 팀에서 코치를 겸직할 사람을 선발하여 사전에 훈련을 시킨 후 본 활동에 들어가는 것도 궁여지책이긴 하지만 방법의 하나입니다. 이 방법도 액션러닝이 처음인 구성원들에게는 무리입니다. 전문코치 고용 비용을 조금 줄일 수 있는 방법 중 하나는 한 명의 코치가 요일별로 돌아가며 여러 팀을 담당하는 것입니다. 가장 좋은 방법은 우수한 사람들을 한 팀 선발하여 사내코치로 양성한 후 점진적으로 참여할 팀 수를 늘려가는 방법입니다. 현재 상당수 조직에서 코치 한 명이 네댓 개의 학습팀을 담당하게 하는 현실은 비용(기회비용 포함) VS. 효과(계량하긴 상당히 어렵지만)를 생각하면 안타까울 뿐입니다.

⑤ 학습팀 운영 일정 및 학습 공간

① 운영 시간 및 횟수는 어떻게 결정하나?

　　운영 시간과 횟수는 액션러닝의 목적, 문제, 상황에 따라 다르지만 어느 정도 복잡하고 어려운 문제를 해결하면서 일반적으로 기대하는 학습효과를 얻으려면 최소 40시간 정도가 필요합니다. 이 이상의 시간 동안 하는 프로그램은 많지 않고 대부분 이보다 짧게 운영합니다. 액션러닝이 조직 전체로 확산되지 못하는 중요한 이유 중의 하나가 액션러닝 도입 초기에 짧은 프로그램을 운영하여 만족할 만한 효과를 거두지 못하기 때문입니다..액션러닝이 전사적으로 확산되어 액션러닝식 회의와 프로젝트팀이 조직문화로 정착되고 있다면, 팀 구성원들이 2차·3차 액션러닝에 참여하는 경우라면, 단 두세 시간짜리도 그 나름대로 효과와 의미가 있을 것입니다. 그러나, 처음으로 액션러닝에 참가한다면 40시간 이하로는 전체 프로세스를 실행하고 그 효과를 체험하지는 못할 것입니다. 러닝코치나 HRD 담당이 프로그램 설계 시 가장 유념해야 할 사안입니다. 최초에는 단 한 팀이라도 제대로 운영하는 것이 무엇보다 중요합니다.

전체 운영시간을 40시간으로 결정했다고 가정합니다. 다음 문제는 이 시간을 어떻게 나누어 사용하느냐입니다. 1회에 3~4시간, 매주 미팅을 개최하여 3개월 정도 운영하는 것이 일반적이고 바람직합니다. 1회에 6~8시간 미팅을 한다면 격주도 가능합니다. 이런 시간 운영은 파트 타임을 전제로 하는 것입니다. 학습팀원들은 주중에 자신들의 원래 직무와 현장활동을 수행하고 주중 또는 주말의 반나절 또는 하루 동안 미팅을 가집니다. 매주 3~4시간씩 만나는 방식은 장점이 많습니다. 미팅에서의 토의와 계획을 바탕으로 주중 현장활동을 하고 다음 미팅 때 현장활동을 성찰함으로써 학습과 문제해결 활동이 끊김없이 계속될 수 있습니다. 만나는 시간이 3~4시간으로 집중력을 유지하기에 무리가 없습니다. 일하면서 주로 경험과 행동을 통해 학습하는 액션러닝은 학습의 결과가 습관으로 형성되지 않으면 큰 효과를 기대하기 어렵습니다. 매주 미팅하는 방식은 문제해결과 리더십에 대한 학습이 습관을 형성하기에 가장 적당합니다. 대부분의 리더십 훈련에서 학습 효과가 지속되지 못하는 중요한 이유 중의 하나가 훈련이 단기간에 이루어져서 학습 내용이 습관으로 형성되지 못하기 때문입니다. 전체 운영 기간도 3개월 정도가 적당합니다. 그 이상은 지치고 집중력과 몰입도가 떨어집니다. 매주 미팅 방식은 팀원들이 매우 바쁘고 고달파진다는 단점이 있습니다. 팀의 단합과 열정, 코치의 격려 활동이 중요한 이유입니다.

하루 종일 미팅을 하고 격주 만나는 방식은 팀원들이 적응하기가 쉽다는 장점이 있습니다. 격주로 토요일에 만나는 것으로 하면 임원 등 고위직의 경우는 시간관리가 수월해집니다. 같은 맥락으로 한 달에

한 번 모이는 방식도 쓰입니다. 이런 방식은 결정적 단점이 있습니다. 주제에 대한 집중력이 떨어지고 학습이 습관으로 이어지기 어렵습니다. 고위 임원들이나 지역적으로 분산되어 있어 자주 모이지 못하는 사람들을 팀 구성원으로 할 경우 제한적으로 사용하는 것이 좋을 것입니다.

풀 타임은 일정 기간 동안 연수원 등의 특정 시설에서 액션러닝에만 전념하는 방식입니다. 일반적인 풀 타임 방식의 예를 하나 들어보겠습니다. 학습팀은 8시간×5일=40시간 동안 회사 연수원에서 기숙하며 학습과 문제해결에 임합니다. 사실상 현장활동을 할 수 없기 때문에 야간에는 주로 팀원들끼리 토론을 하거나 인터넷을 이용해 자료조사를 합니다. 러닝코치가 참가하지 않는다면 사실상 예전의 분임토의와 별반 다를 게 없습니다. 그런데도 이 방식이 꽤 쓰이는 이유는 관리하기가 용이하고 높은 참여도와 몰입도를 유지하는 데 가장 유리하기 때문입니다. 인사관리상의 평가 목적에도 상당히 부합합니다. 그러나 절름발이 액션러닝인 것은 어쩔 수 없습니다. 이 방식은 제한된 용도로만 쓰여야 할 것입니다.

서너 시간 또는 하루 종일 딱 한 번만 미팅을 가지는 경우가 많아지는 것 같습니다. 하나의 문제를 해결하기 위해, 하나의 합의를 이루어내기 위해 또는 효율적인 회의 방식을 배우기 위해 이런 유형의 회의가 액션러닝의 이름 아래 열립니다. 이런 류의 미팅은 일상적으로 필요하면 언제든지 할 수 있는 것으로 통상의 회의를 좀 더 창의적이고 열린 방식으로 하자는 데 근본 목적이 있습니다. 수십 명, 심지어는 백여 명이 한자리에 모여 여러 개의 소규모 팀으로 나눈 뒤 한 명의 퍼실리테이터의 주재 아래 조직의 문제점이나 정책을 다룹니다. 액션러닝에서 쓰이는 문제해결 프로세스나 아이디어 창출 방법을 사용합니다. 회의가 좀 더 창의적이고 민주적으로 진행된다는 점에서, 러닝코치들의 활동 영역이 넓어진다는 점에서, 매우 바람직한 현상입니다. 그러나 이런 방식의 회의를 액션러닝이라 부른다면 액션러닝에서 쓰이는 퍼실리테이션 스킬을 쓰는 모든 회의가 액션러닝이 되어 구별의 실익이 없어지지 않을까 염려됩니다.

2 학습 공간은 어떻게 준비하나?

학습팀마다 별도로 분리된 장소가 필요합니다. 여러 개의 학습팀을 동시에 운영할 경우 오리엔테이션을 할 때는 한 장소에 모여서 해도 되지만 팀 미팅은 따로 하는 것이 좋습니다. 액션러닝의 미팅은 매우 활동적이고 다소 소란스럽기까지 합니다. 한 장소에서 여러 팀이 활동하면 서로 방해를 받게 됩니다. 역동적이고 경쟁적인 분위기를 유지하기 위해 한 장소에서 하는 것도 나쁘지 않다고 주장하는 실무가들도 있지만 복수의 학습팀이 동일한 문제를 다루거나 코치가 한 명일 때를 제외하고는 지나친 견해인 것 같습니다.

학습 공간은 중앙에 서로의 감정이 전달될 수 있을 정도의 거리를 두고 둘러 앉아서 대화할 수 있는 테이블을 배치합니다. 벽 한쪽은 칠판과 빔 프로젝트 화면을 설치하고 나머지 벽면은 회의 내용을 큰 포스트잇에 적어 게시할 수 있도록 비워둡니다. 테이블과 벽면 사이의 공간은 팀원 전원이 서서 게시물을 보면서 토의를 할 수 있을 정도로 넉넉

해야 합니다. 필자는 중소기업에서 액션러닝 코치로 활동할 때 이런 학습 공간의 확보가 어려워 미팅의 효율적 진행에 상당한 어려움을 겪은 경험이 많습니다. 적합한 학습 공간의 확보는 간과할 수 없는 중요한 사안입니다.

　　액션러닝이 진행되면 장소를 옮겨가면서 미팅을 하는 경우가 생기게 됩니다. 주로 문제해결과 관련이 있는 서비스 또는 생산 현장에서 조사를 하거나 대학 등에서 전문가 강의나 의견을 듣기 위해서입니다. 이런 상황까지 예견하여 사전에 꼼꼼히 일정 계획을 짜는 경우도 있지만 문제해결 프로세스가 진행되면서 필요하면 언제든 학습팀이 자율적으로 결정해서 처리할 사안입니다. 일단 기본적인 계획과 조건이 갖춰지면 나머지는 학습팀이 스스로 해결해 나가도록 하고 도움을 요청할 때만 주관 부서에서 관여하는 것이 좋을 것입니다.

6 특강 등 추가 학습활동

　　액션러닝 프로그램의 목적과 팀 구성원의 특성에 따라, 또는 프로그램을 진행하면서 구성원들이 필요하다고 판단함에 따라 별도의 강의를 듣거나 특별한 실습을 하는 경우가 있습니다. 사전에 프로그램 설계에 반영되기도 하고 진행하면서 구성원들이 결정하여 실행하기도 합니다. 임원 승진 예정자들이나 초임 임원들이 구성원인 경우 '협상 스킬'과 '글로벌 마인드'에 관한 워크숍을 열거나 '테이블 매너', '와인 마시는 법' 등에 관한 실습을 하는 경우가 그 예가 될 것입니다. 팀장 승진자들이 구성원인 경우는 '관리자 리더십' 워크숍을 프로그램 설계 시 반영하는 것이 보통입니다.

　　이런 활동들은 장기간 지속되는 액션러닝에서 매너리즘에 빠지거나 집중도가 떨어지는 것을 방지하는 기능이 있습니다. 문제해결 분위기를 해치지 않을 정도의 간격으로 배치하면 전반적인 학습 분위기가 향상될 것입니다. 프로그램의 진행 도중에 초청 강의를 마련하거나 타기관의 특정 강의에 참가하는 경우는, 일정액 이하의 예산이 소요되는 사안은 학습팀에 권한을 위임하고 일정액 이상은 승인을 받도록 사전에 설계에 반영하면 될 것입니다. 앞에서도 언급한 적이 있지만 액션러닝의 체제는 개방적이고 유연합니다. 조직의 필요와 프로그램의 운영 목적에 따라 다양한 내용들을 설계할 수 있습니다.

7 스폰서의 역할

     스폰서의 역할은 두 직위로 나누어볼 수 있습니다. 액션러닝의 도입, 전사적 확산 등 프로그램 전체에 대해 의사결정을 하는 직위에 있는 경영자와 개별 학습팀의 문제에 대한 의사결정권을 갖는 부서 책임자입니다. 규모가 큰 조직은 이 두 직위가 각각 다를 수 있지만 규모가 작은 조직은 대개 동일인입니다. 두 스폰서 모두 액션러닝 프로그램의 성공적 운영에 결정적 영향을 미칩니다. 의사소통과 위임에 대한 조직문화가 회사마다 다소 다를 수 있지만 우리나라의 일반적 조직 환경을 생각하면 이들의 관심과 지원을 확보하고 유지하는 것은 쉽지 않습니다. 실제로 프로그램 설계 단계에서 할 수 있는 일은 별로 없습니다. 출범행사와 중간보고회나 최종보고회에 다른 주요 인사들과 함께 그들이 참석할 수 있도록 일정을 미리 조정하고 수시로 경과를 보고합니다. 문제가 선정되면 해당 문제의 스폰서는 문제의 해결책에 대한 실행을 약속하고 학습팀과 함께 문제수행서에 서명합니다. 문제수행서에는 문제의 선정 배경과 정의를 포함한 개요를 기록한 문제기술서를 첨부하여 스폰서의 문제에 대한 이해를 돕습니다. 동시에 다수의 학습팀을 운영하는 경우는 서명식을 행하여 학습팀의 결의를 다지고 스폰서의 지원과 격려를 공식화하는 것이 좋습니다. 하나의 학습팀만을 운영하는 경우는 문제 승인 결재를 얻는 방식으로 할 수도 있습니다. 중요한 점은 이러한 절차를 거침으로써 스폰서와 학습팀, 관련 담당자들이 문제해결과 학습에 대한 공동의 책임의식과 연대감을 높이는 것입니다. 러닝코치는 프로그램의 시작부터 종료까지 이들 사이의 공감과 소통을 높이기 위해 끊임없이 필요한 조치를 취하고 조정자의 역할을 수행해야 합니다.

문제의 스폰서나 스폰서의 대리인이 학습팀에 직접 참여하는 것이 집중도와 실행력을 높이기 때문에 효과적 운영에 필요하다는 견해가 있습니다. 이론상의 의의는 별도로 치더라도 실무적으로는 실익이 별로 없는 논의입니다. 스폰서인 경영자나 부서장이 액션러닝의 학습팀에 직접 팀원으로 참여하는 경우는 거의 없기 때문입니다. 조직의 규모가 큰 경우는 문제와 관련된 업무를 수행하는 부서의 책임자가, 규모가 작은 경우는 최고경영자가 보통 스폰서가 됩니다. 이들은 장기간 학습팀 활동에 참여할 수 있을 만큼 시간적 여유가 없거나, 부하 직원들과 함께 문제를 해결하고 학습하는 것을 부담스러워합니다. 우리나라의 상하 관계 문화로서는 어느 정도 인정하지 않을 수 없는 현상인 것 같습니다. 만약 스폰서가 학습팀에 직접 참여하면 어떻게 될까요? 학습팀의 모든 활동이 스폰서 중심으로 돌아가거나, 스폰서의 눈치를 살피거나, 말을 삼가하는 등 조직의 일반적인 회의 분위기와 별반 다르지 않은 모습이 보일 것입니다. 러닝코치의 입장에서도 사실상의 고용자인 스폰서가 학습팀의 일원으로 참여한다는 사실이 마냥 편치만은 않을 것입니다. 스폰서의 리더십이 탁월하여 표면상 자유로운 토의 분위기가 유지된

다 하더라도 창의적이고 역동적인 상황을 기대하기는 현실적으로 무리
일 것입니다.

8 오리엔테이션

다음 장에서는 오리엔테이션의 구체적 내용을 설명하는데, 오리엔테이션에 관해 고려해야 할 요소에 대해서는 여기에서 약술합니다. 상당수 HRD 실무자와 러닝코치가 액션러닝의 성공적 운영에서 오리엔테이션이 차지하는 중요성을 간과합니다. 시간을 절약하고 문제해결에 바로 들어가는 것이 실천학습의 진정한 의의라고 잘못 이해한 탓이라고 필자는 생각합니다. 물론, 학습팀의 모든 구성원이 액션러닝과 오리엔테이션에 참여한 경험이 있다면 리뷰 정도의 간단한 오리엔테이션으로도 충분할 것입니다. 필자도 HRD 담당의 요청에 따라 오리엔테이션에 충분한 시간을 투자하지 못하고 문제해결 절차에 들어간 경험이 있습니다. 학습팀의 활동이 끝날 때까지 모두 힘들어했고 문제해결 과정도 매끄럽지 못했습니다. 간단한 사전 설명이 있었음에도 불구하고 세션마다 무엇을 할지 몰라 허둥댔습니다. 학습팀 활동에 필요한 스킬과 문제해결 프로세스는 평소의 회의나 일하는 방식과는 매우 달라서 숙달하기 결코 쉽지 않습니다. 충분한 오리엔테이션 없이 액션러닝을 시작하는 것은 이정표 없이 길을 나서는 것과 같습니다.

오리엔테이션의 기능은 다음과 같습니다. 먼저, 학습팀의 활동이 향후 어떻게 전개될 것이라는 이미지를 형성하게 함으로써 심리적 대비에 도움을 줍니다. 다음은 질문, 경청, 피드백, 상호 인정과 존중 등 필요한 스킬을 훈련시켜 학습팀 활동을 원활하게 합니다. 마지막으로, 문제해결 프로세스와 스킬의 기본과 뼈대를 익힘으로써 문제해결에 논리적이고 창의적으로 임할 수 있도록 합니다. 따라서 오리엔테이션이 이러한 기능을 수행할 수 있도록 필요한 시간을 배정하고 내용을 구성해야 할 것입니다.

오리엔테이션에 소요되는 시간은 필자의 경험으로 대략 8~16시간입니다. 액션러닝의 전체 시간이 20시간이라면 오리엔테이션에 사용할 시간은 4시간 이하로 줄어들 수밖에 없겠지만 40시간 이상이라면 8시간 또는 그 이상의 시간을 오리엔테이션에 사용할 충분한 가치가 있습니다. 오리엔테이션이 충실하게 이루어지면 이후의 학습팀 활동이 원활하고 효율적으로 진행되어 상당한 시간을 절약할 수 있고 학습팀의 자신감 형성에도 지대한 영향을 미치기 때문입니다. 오리엔테이션에 소요되는 시간이 차이가 나는 것은 경청, 질문 등의 회의 스킬과 문제해결 스킬의 훈련에 사용하는 시간이 차이가 나기 때문입니다. 오리엔테이션은 거의 전부 실습으로 구성되기 때문에 시간을 줄인다는 것은 결국 실습시간을 줄인다는 것입니다. 필자는 액션러닝의 전체 시간이 40시간일 경우 오리엔테이션에 보통 12시간을 배정합니다. 이 12시간이 표준이 될 수는 없겠지만 적절한 수준의 오리엔테이션을 실시하는데 실제로 소요되는, 시행착오를 거쳐 조절된 시간입니다.

⑨ 해결안 실행

　　해결안의 실행은 최종보고회 전 액션러닝 과정에서의 실행과, 최종보고회에서 스폰서의 실행 승인을 얻은 후 추진하는 실행으로 나눌 수 있습니다. 전자는 학습팀이 당초부터 실행권한을 가지거나 필요시 해결안에 대한 스폰서의 사전 승인을 얻어, 해결안을 직접 실행한 후 그 결과를 최종보고회에 제출합니다. 현장의 운용상의 품질향상이나 매출 증대 같은 개선활동은 대부분 최종보고회 전에 실행을 종료하거나 일부라도 실행할 수 있습니다. 후자는 대부분 조직의 중요한 정책적 문제에 대한 해결안으로 전사적 파급효과가 있거나, 상당한 자원이 소요되거나, 실행에 상당한 시간이 걸리는 경우입니다. 실행 승인을 얻은 후 학습팀이 직접 실행을 추진하든가 회사의 기존 관련 부서가 실행을 담당하든가 합니다.

　　실행의 측면에서는 위 전자의 경우가 액션러닝 학습팀의 문제로서 바람직하지만 대부분이 운용상의 문제이기 때문에 임원이나 간부직으로 구성된 액션러닝팀의 문제로서는 적합성이 떨어집니다. 프로그램 설계 시에 중하위 직급의 사람들로 구성된 액션러닝팀에게는 활동 기간 내에 전체 실행을 종료하거나 일부라도 실행을 할 수 있는 문제가 선정되도록 하고, 고위직의 사람들로 구성된 팀에게는 정책적 문제가 선정되도록 사전에 지침을 마련해두는 것이 바람직할 것입니다. 최종보고회 후 누가 실행할 것인지에 대해서도 미리 정해두어야 합니다. 이론상으로는 당연히 학습팀이 실행해야 한다고 생각하기 쉽지만, 실무상으로는 그리 간단하지 않습니다. 학습팀은 처음부터 경영상의 필요에 따라 조직의 중요한 특정 문제를 다루도록 CEO로부터 지시를 받은 프로젝트팀과는 입지가 다릅니다. 활동 시한도 처음부터 정해져 있습니다. 따라서 대개의 경우 활동 시한이 끝나는 최종보고회에서 해결안을 보고하는 것으로 임무가 종료되고, 실행은 관련 부서로 넘어가게 됩니다. 설혹, 존속 기한을 연장하여 학습팀이 실행을 담당하게 되더라도 별도로 조직상의 권한 위임을 받지 않는 한 실효적인 추진은 쉽지 않을 것입니다.

10 평가

1 평가의 방법과 유용성

　　필자가 액션러닝 코치로 활동하면서 가장 곤혹스러운 부분이 평가에 관한 것입니다. 무엇인가 일을 했다면 그 결과에 대해 평가하고 잘잘못을 가려 향후의 활동에 반영하는 것은 지극히 당연한 일입니다. 액션러닝 담당부서나 스폰서들도 시험 성적같이 분명한 성과표를 보고 싶어 합니다. 이론상의 논의도 많고 평가양식도 꽤 많이 개발되어 있습니다. 액션러닝 코치들도 액션러닝이야말로 분명히 성과를 보여줄 수 있는 학습 프로그램이라고 주장합니다. 그러나 필자의 경험으로는 액션러닝 프로그램과 학습팀 활동 결과에 대한 평가는 학생들의 학업성적을 평가하듯 단순하거나 명쾌하거나 객관적이지 않습니다. 사실 학생들의 성적평가도 그 타당성과 신뢰도가 끊임없이 의심을 받고 있습니다. 단지 그 결과적 수치에 대해 모두가 승복하지 않을 수 없을 뿐입니다.

　　현재까지 개발된 평가기술에 의한 액션러닝 프로그램과 학습팀 활동 결과에 대한 평가는, 하자니 그 낮은 타당성과 신뢰도로 인하여 유용성이 떨어지고, 안 하자니 그나마 내놓을 것이 없게 되는 안타까운 사안입니다. 이 평가의 어려움은 액션러닝만의 문제가 아니라 코칭, 리더십개발, 조직개발 등 사람의 학습과 변화에 대한 평가 전반의 문제입니다. 설혹 정교하게 계량화된 평가표로 많은 시간과 수고를 들여 평가한다 하더라도, 시험처럼 서열을 정하거나 당락을 결정할 목적이 아니라면 그 유용성과 필요성은 떨어질 수밖에 없습니다. '사람이 무한한 가능성을 지닌 존재'라는 사실을 우리가 전제한다면, 사람의 학습과 변화에 대한 평가를, 기업의 성과를 이익과 주가 등으로 평가하듯 수치에만 의존할 수는 없다는 것이 필자의 기본적인 견해입니다. 평가의 유용성과 필요성을 부인하자는 것이 아닙니다. 평가에 대한 인식의 전환이 필요하다는 것입니다.

액션러닝 프로그램의 효과성·장점과 학습팀 활동 성과를 설득하기 위해 계량적 평가에 집착할 필요는 없습니다. 무리한 계량화로 인해 타당성과 신뢰도가 떨어지는 평가보고서보다는 성과에 대한 관계자들의 합의와 공감이 현실적으로 더 설득력이 높을 수도 있습니다. 사람은 통찰력과 직관, 공감 능력이 있습니다. 굳이 숫자로 보지 않아도 대부분의 현상을 이해하고 성과를 진단할 수 있습니다. 하물며 사람의 변화에 관해서라면 그 변화를 직접 보거나 느끼는 것이 더 확실하지 않을까요? 비록 그 변화의 정도를 형용사나 부사로밖에는 표현할 수 없겠지만 말입니다. 여기에서 이 문제에 관한 논의를 계속하면 이 책의 취지를 벗어날 것입니다. 앞으로 많은 연구와 토의가 필요한 사안입니다. 러닝코치들의 경험이 더 많이 쌓이고 보고되면 더 실용적이고 효과적인 평가방법들이 개발되리라 기대합니다.

② 사전 · 사후 평가

사전 · 사후 평가는 학습팀원들이 액션러닝에 참여하여 얼마나 변화하였는가를 측정하기 위해 실시합니다. 사전평가는 학습의 영향을 배제하기 위해 적어도 오리엔테이션 전에 실시합니다. 이 사전평가를 최종보고회 전에 실시될 사후평가와 비교하여 학습팀원들의 변화 정도를 측정합니다. 따라서 당연히 사전평가와 사후평가의 측정 내용과 방법은 같아야 합니다. 이 평가는 인지와 태도, 행동의 성향을 측정하는 것이기 때문에 자기보고식 측정을 할 수밖에 없어 완벽하게 객관적인 측정은 현실적으로 거의 불가능합니다. 평가를 객관화하기 위하여 동료, 상사, 부하, 자기 자신이 평가하는 소위 360° 평가를 실시하는 경우가 많은 데 이 또한 표본이 적은 경우가 대부분이고 형식적 평가 등으로 객관성이 그리 높다고 할 수 없습니다. 또한, 타인이 자기를 평가하는 데에 따른 정서상의 불편이나 평가 절차상의 번거로움으로 인해 과연 실효가 있는지 의심스럽습니다.

이런 종류의 평가의 가장 큰 맹점은 결과가 숫자나 도표로 나타남으로써 이 결과를 맹신하게 된다는 점입니다. 실제로 어떤 참가자는 사전평가에서 매우 낮은 점수를 낸 후 사후평가에서 높은 점수를 기록하여 큰 변화가 있는 것처럼 평가되고, 어떤 사람은 그 반대로 자기를 평가하여 나쁜 쪽으로 변화한 것처럼 평가되기도 합니다. 또 어떤 사람들은 숫자상으로는 거의 변화가 없습니다. 이런 결과가 나오는 이유는 다양하지만 기본적으로는 시간이 경과되었고, 액션러닝을 통한 학습의 결과로 평가자가 자기 자신을 평가하는 기준이 바뀌었기 때문입니다. 예를 들면 사전평가를 할 때에는 자기의 리더십이 대단하다고 생각했는데 학습을 하면서 자신의 리더십이 얼마나 부족한가를 깨닫게 되는 경우, 또는 그 반대의 경우가 있습니다. 이런 여러 가지 난점은 360° 평가에서도 별로 달라지지 않습니다. 그래서 사전·사후 평가를 비교할 때 당사자의 의견을 듣거나 해석에 신중을 기해야 하고 그 결과는 단지 참고로만 사용하는 것이 옳습니다. 평가라고는 하지만 평가에 중점을 두지 말고 큰 흐름을 파악하거나 개선을 위해 평가를 한다는 쪽으로 관점을 바꾸면 평가의 객관성과 유용성의 문제도 어느 정도 해소될 것입니다.

자기보고식이든 360° 평가든 위와 같은 계량적 평가의 난점을 어느 정도 보완하기 위하여 기술식 평가를 채용할 필요가 있습니다. 사전·사후 평가표에 기술식으로 답할 수 있는 구조화된 질문을 포함시켜 계량적 평가와 함께 사용하면 더 나은 결과를 얻을 수 있을 것입니다. 학습팀 미팅이 있을 때마다 성찰일지를 작성하게 한다든가, 중간보고회나 최종보고회를 기준으로 종합보고서를 작성하게 하는 방법도 있습니다. 참가자들이 싫어하는 방법이기는 한데 취지를 잘 이해시키고 내용을 구조화한 후 한 페이지 이내로 보고서의 분량을 제한하면 참여자들의 변화 양상을 읽는 데는 큰 도움이 됩니다. 다른 하나의 방법은 러닝코치가 관찰보고서를 작성하거나 구두로 구성원들의 변화 모습을 관계자들에게 증언하는 것입니다. 프라이버시의 문제가 발생할 수 있으므로 사전에 구성원들에게 양해를 구하고, 구성원 개인에 대한 언급보다는 팀 전체의 변화에 대해 진술한다면 큰 효과가 있습니다. 마지막으로, 팀원들이 중간보고회나 최종보고회에서 돌아가며 자신의 변화 모습을 진술하는 것입니다. 이 방법은 시간이 많이 걸리므로 중간보고회나 최종보고회를 팀별로 하거나 학습팀을 한 팀만 운영할 때 유용합니다.

평가의 항목은 액션러닝의 운영 목적과 설계에 따라 다양하게 구성할 수 있지만 학습하는 모든 것을 다 측정하는 것이 능사는 아니며 평가하기 용이한 몇 가지에 대해서만 평가해도 평가의 목적은 충분히 달성할 수 있습니다. 대표적인 평가 항목은 리더십입니다. 필자는 주로 코칭리더십 진단지를 사용하는데 액션러닝에 상당한 적합성이 있다고 생각합니다. 많이 사용되어 충분히 검증된 평가표들은 어느 것을 써도 별 문제가 없고 쉽게 구할 수 있습니다. 추가적으로 고려해볼 수 있는 진단지들이 '경청능력', '자기성찰', '창의력' 등인데 일부 비슷한 설문이 들어 있습니다. 경험에 의하면 초기의 너무 많은 평가에 대해 구성원들이 부담을 느낄 수도 있으므로, 이런 진단지들은 학습을 진행하면서 적절한 단계에서 구성원들이 자기를 더 잘 이해하고 학습과 변화에 대한 의욕을 갖게 하는 용도로 사용하는 것이 좋습니다.

③ 팀활동 및 문제해결 결과 평가

팀활동 및 문제해결 결과에 대한 평가는 최종보고회 때 미리 만들어진 심사기준에 의해 하게 됩니다. 원칙적으로 심사기준은 공통 기준과 각 문제마다 고유한 개별 기준으로 구성되어야 합니다. 공통 기준은 팀활동과 문제해결 과정에 대한 것이고 개별 기준은 문제의 해결 결과에 대한 것입니다. 공통 기준은 주로 팀활동이 협력적이고 성실하였는지, 문제해결 과정이 논리적 · 창의적 · 전략적이었는지를 평가합니다. 문제해결 결과에 대한 평가를 개별 기준대로 해야 하는 이유는, 문제마다 해결 절차와 성과의 종류가 다르기 때문입니다. 어떤 문제는 실행까지 종료되었고 어떤 문제는 파일럿 테스트를 마쳤으며 어떤 문제는 실행에 몇 달 또는 몇 년이 걸립니다. 정성적으로 평가해야 할 성과가 있고 정량적 평가가 가능한 성과가 있습니다. 따라서, 문제마다 적합한 심사 기준이 다르고 이에 따라 구체적 평가지표가 다양할 수밖에 없습니다. 전체적으로는 조직에의 기여도가 중심 잣대가 되어야 할 것입니다. 러닝코치는 프로그램 설계 단계에서 HRD 담당과 협의하여 심사기준을 마련하고 오리엔테이션 때 전체 학습팀원들에게 알려야 합니다.

　실행을 마치고 정량적 성과를 낸 해결안에 높은 점수를 줘야 한다는 주장이 있을 수 있습니다. 얼핏 들으면 그럴듯한 견해라는 생각이 들 것입니다. 이런 평가지표가 있다면 학습팀원들은 문제를 선정할 때 최종보고회 때까지 실행을 마치지 못하거나 정성적 성과를 낼 수밖에 없는 문제는 아예 배제할 것이 뻔합니다. 회사의 경영에 중대한 영향을 미칠 수 있는 전략적이거나 조직적인 문제가 선정될 가능성은 거의 없게 되는 것입니다. 모든 조직 구성원들은 평가에 민감하고 평가지표는 구성원들의 행동지향을 사실상 결정하고 구속하기 때문입니다. 문제선정 과정에서 전략적이거나 조직적인 문제가 아예 배제된다면 액션러닝의 효용성은 크게 의심받을 것입니다. 사실 눈에 보이는 숫자상의 경영결과나 성과는 리더십과 조직문화 같은 눈에 보이지 않는 경영활동의 그림자에 지나지 않습니다. 상당수 조직들이 액션러닝의 운영 성과를 나타내기 위하여 연도별로 얼마의 경제적 · 금전적 효과를 올렸다고 집계하고, 그 수치의 홍보에 열중하는데 지나치면 액션러닝의 진정한 가치와 효용을 몰각시키는 자충수가 될 수 있습니다.

④ 프로그램 평가

프로그램 평가는 액션러닝 자체, 프로그램 설계, 프로그램의 운영 및 그 성과에 대해 전반적으로 분석하고 평가하여 향후의 프로그램 운영의 자료로 삼고자 수행합니다. 따라서, 앞에서 기술한 사전·사후 평가와 팀활동 평가 및 문제해결 결과 평가를 모두 포함하여 프로그램이 제대로 설계되고 운영되었는지를 성찰합니다. 학습팀원들의 프로그램에 대한 일종의 만족도 조사인 과정반응평가도 실시합니다. 이 과정반응평가에 러닝코치에 대한 평가 항목을 넣는 것이 일반적입니다. 프로그램 평가는 프로젝트를 수행한 후 그 성과를 따지는 일반적인 직무 활동과 별반 다르지 않습니다. 프로그램의 목적에 적합한 설계가 이루어졌는지, 액션러닝의 여섯 개 구성요소가 조화를 이루었는지, 설계대로 운영되었는지, 비용 대비 효과가 있었는지 종합적으로 분석·검토합니다. 프로그램 평가에서 중요한 점은 계량적 효과의 검증에 집착하지 않아야 한다는 것입니다. 당장의 경제적 효과보다는, 조직문화를 발전시키고 학습조직과 지식경영을 지향한다는 장기적인 관점에서 평가가 이루어져야 할 것입니다.

⑤ 중간보고회 및 최종보고회

       중간보고회는 액션러닝의 전체 운영 시간이 30시간 이상이며 기간이 8주 정도 이상일 경우 개최할 필요가 있습니다. 학습팀 활동이 장기간 지속되면 학습팀은 처음의 열정과 긴장이 떨어져서 재충전이 필요하고, HRD 부서는 학습팀이 잘 운영되고 있는지 확인하고 스폰서들의 관심과 지원도 다시 확보해야 합니다. 중간보고회 시기는 문제해결이 진행되는 상황에 따라 다소 달라지겠지만 대체로 문제의 원인규명이 끝난 시점, 전체 기간의 절반이 경과한 시점이 적당합니다. 당일 미팅의 첫 한 시간 동안 스폰서와 HRD 부서장, 학습팀과 러닝코치가 참석하여 중간보고회를 갖습니다. 중간보고회는 스폰서가 다르고 시간도 절약해야 하기 때문에 학습팀별로 따로 개최하는 것이 합리적입니다.

       최종보고회는 한 조직의 한 시즌의 액션러닝 활동을 마무리하는 행사입니다. 조직의 최고경영자를 비롯하여 거의 모든 임원들과 액션러닝 관계자들이 한자리에 모여 액션러닝 활동을 되돌아보고 성과를 진단하며 관계자들을 격려하고 축하합니다. 개최 시기는 특별한 사정이 없는 한 운영 일정의 마지막 날입니다. 소요 시간은 학습팀 수에 따라 달라지겠지만 대개 90분에서 2시간이 적당합니다. 최종보고회에서는 HRD 부서가 액션러닝 운영 경과와 성과에 대한 종합보고를 한 후에 각 학습팀의 학습 성과와 문제해결 경과 및 결과에 대한 경연이 펼쳐집니다. 이어서 최고경영자와 임원들로 구성된 심사단이 각 팀의 실행안에 대한 승인·기각 결정을 포함한 심사결과를 발표합니다. 마지막으로 우수팀에 대한 시상과 최고경영자의 격려의 말로 최종보고회는 종료됩니다. 최종보고회는 기획자의 의도에 따라 다양한 내용으로 구성할 수 있으며 굳이 특정한 절차나 형식에 매일 필요가 없습니다. 각 조직의 문화에 걸맞은 행사가 가장 훌륭한 최종보고회가 될 것입니다.

11 기타 및 행정사항

1 온라인상의 액션러닝

이제 거의 모든 일이 온라인상에서 가능한 세상이 되었습니다. 구성원들이 매일같이 특정 장소에 출근해서 일하지 않아도 될 만큼 기술적 조건이 갖추어졌고 산업환경이 변했습니다. e-러닝이 교육의 보조 수단을 넘어 확고한 매체의 하나로 자리 잡았고 더욱 확장되어가는 추세입니다. 액션러닝도 화상회의나 인터넷상에서 가능하리라 생각합니다. 적어도 기술적으로는 충분한 상황입니다. 많은 연구가 이루어지고 있고 일부 사례가 보고되었으며 가능성이 이미 상당히 검증되었습니다. 그러나 필자의 견문이 좁아서 그런지 우리나라에서의 연구나 사례는 알지 못합니다. 기술적으로 가능하다고 해서 당장 현실이 되지는 않습니다. 팀플레이로서 상호 학습을 지향하는 액션러닝에서 대면 상태로 이루어지는 공감, 열정, 협동 등 정서나 태도상의 학습효과를 살릴 수 있을 만큼 우리가 가상공간과 친한지도 의문입니다. 오히려 액션러닝만이라도 좀 더 직접적인 인간 터치가 살아 있는 학습 프로그램으로 남아 있어야 하지 않느냐는 다소 낭만적인 바람도 있습니다. 앞으로의 발전 추이를 지켜보며 관심을 가져야 할 분야입니다.

② 행정사항

일의 시작과 종료까지 성공적인 운영을 위하여 꼼꼼히 잘 관리하여야 한다는 면에서는 일반적인 프로젝트 관리와 별반 다름이 없습니다. 몇 가지 사항만 간략히 언급하겠습니다. 먼저, 학습팀 사이트 개설입니다. 학습팀원들이 한 건물에 근무한다거나 연수원 등의 특정 장소에 모여서 팀활동을 하는 경우에는 굳이 필요하지 않지만, 인터넷 사이트를 개설하여 상호 소통의 장으로 삼는다면 유익한 점이 많습니다. 공지사항을 알린다거나 현장활동의 내용을 공유한다거나 학습일지와 성찰일지를 올린다거나, 오프라인상에서 이루어진다면 필요한 수고가 많이 줄어듭니다. 특히, 학습팀이 여럿이거나 지역적으로 분산돼 있을 경우이 방법 아니고서는 HRD 부서로서는 관리가 어려울 것입니다.

다음은 학습일지 작성입니다. 학습일지는 학습팀 서기가 작성하여 보관하거나 사이트에 올립니다. 서기는 학습팀에서 지정하거나 돌아가며 담당합니다. 학습일지는 양식을 만들어 작성하거나 오픈 방식으로 작성하는데 학습팀 활동을 꼼꼼히 기록합니다. 이 일지는 중간보고서나 최종보고서를 작성할 때 자료로 활용하거나 평가의 근거자료로 쓰입니다. 미팅마다 작성하고 현장활동을 포함하여 회의 내용을 기록합니다. 학습팀원들이 무엇을 토의하고 무엇을 배우고 무엇을 느꼈으며 무엇을 실행하였는지, 어려운 점은 무엇이었으며 어떻게 극복하였는지 등이 주요 내용이 됩니다. 학습일지는 사이트에 올리고 공개되는 것이 좋습니다. HRD 부서나 스폰서가 보고 경과를 확인해서 피드백을 준다거나 다른 학습팀들이 보고 벤치마킹을 하거나 선의의 경쟁을 할 수 있습니다.

참가자 개인이 작성하는 성찰일지는 주의할 점이 있습니다. 작성을 강요하는 자체가 참가자들에게는 부담이 될 수 있습니다. 오리엔테이션 과정에서 취지를 충분히 이해시켜 사전 동의를 확보하는 것이 좋습니다. 성찰일지가 공개되거나 스폰서나 HRD 부서가 본다면 내용이 왜곡될 수 있습니다. 필자 개인의 경험으로는 작성을 유도하되 강요는 하지 않는 것이 좋습니다.

12 프로그램 설계안(예시)

　　제3장 이후는 필자가 실제로 러닝코치로 수행한 내용을 이 책의 목적에 맞게 재구성했습니다. 다시 한 번 강조합니다만 필자의 경험은 러닝코치에 입문하려는 분들에게 하나의 사례에 지나지 않습니다. 독자 여러분은 필자의 사례를 참고로 하여 더욱 좋은 사례를 구축해나가길 바랍니다. 제2장의 마지막으로 제3장 이후에 전개될 사례의 설계안 개요를 정리합니다. 대상 기업은 창업 10년차의 A패션신발 회사로서 연매출 160억 원, 종업원 수 100여 명이며 새로운 도약을 준비하고 있습니다.

〈설계안(예시)〉

1. 목적

- 회사의 중요한 경영 현안 해결
- 리더십개발, 팀개발, 새로운 조직문화 형성
- 학습조직 및 지식경영 기반 구축

2. 방침

- 부서장 전원 참여, 사내코치 역량 개발
- 순차적으로 전 직원 참여
- CEO 및 이사의 전폭적 관심 및 지원

3. 문제선정

- 학습팀에서 자율 선정 후 CEO 승인
- 회사의 중요한 전략적 팀 단일 문제 선정

4. 학습팀 구성

- 최초에는 하나의 팀을 운영
- 부서장 여섯 명으로 학습팀을 구성

5. 학습코치: 외부 전문코치 초빙

6. 학습팀 운영 일정 및 학습장소

- 전체 40시간으로 10주간 운영
- 학습장소는 현재의 회의실을 다시 디자인하고 학습시설을 구비

7. 특강

- 협상 스킬 2시간

- DISC 행동유형 진단 2시간

8. 스폰서(CEO)

- 문제 승인
- 해결안 실행 약속
- 중간보고회 및 최종보고회 참석
- 기타 필요한 지원 및 참가자 출석 보장

9. 오리엔테이션

- 12시간을 배정
- 내용 구성은 러닝코치에게 위임

10. 평가

- 사전 · 사후 코칭리더십, 경청능력 평가
- 코치 관찰보고서 평가
- 중간보고회/최종보고회 개최(CEO 및 이사 참석)
- HRD 담당, 프로그램 성과 보고서 작성

11. 행정사항

- 학습팀은 미팅마다 학습일지를 작성하여 CEO에게 제출
- 참가자는 성찰일지를 작성
- 러닝코치는 학습팀원들과 상의하여 활동계획서를 작성해 CEO에게 제출
- HRD 담당은 평가 기준을 작성하여 사전 공개
- 학습팀 온라인 사이트(카페) 개설

제**3**장

오리엔테이션

① 진행계획

오리엔테이션의 목적은 이후에 진행될 팀학습과 문제해결 활동을 효과적·효율적으로 수행하기 위해 필요한 지식과 스킬을 학습하는 데 있습니다. 참가자들은 새로운 여행을 함께 떠날 동반자를 만나게 되고 미지의 여정에 대해 호기심과 두려움을 느끼게 됩니다. 이때 형성되는 첫인상은 액션러닝의 성공적 운영에 상당한 영향을 미칩니다. 오리엔테이션을 통해 액션러닝에 대해 제대로 이해하고 필요한 스킬을 습득하며 과성에 대한 기대를 갖게 해야 합니다. 따라서 적지 않은 시간을 배정하여 오리엔테이션을 실시하는 것이며 이 과정을 소홀히 하여 학습 팀원들이 충분히 동기부여되지 않는다면 이후의 과정은 매우 험난할 것이고 목적한 만큼의 성과를 거두기는 쉽지 않을 것입니다.

실무적으로 몇 가지 주의할 점이 있습니다. 첫째, 최대한 재미있고 역동적이어야 합니다. 참가자들은 그동안 수많은 교육을 받아오면서 '교육은 필요는 하지만 지루하다.'라는 인식을 대부분 가지고 있습니다. 따라서 액션러닝은 과거의 수동적 강의식 교육과는 달리 참가자 자신들이 학습의 주체가 되는, 정말 재미있는 과정이라는 느낌이 들어야 합니다. 가장 좋은 방법은 '설명식 강의는 하지 않는다.'라는 것을 원칙으로 정하고, 꼭 해야 한다면 한 주제에 5분을 넘기지 않는 것입니다. 둘째, 액션러닝이 참가자 개인의 역량개발이나 경력발전에 큰 도움이 될 것이라는 기대를 갖게 하는 것입니다. 일반적으로 성인들은 교육을 통해 자신이 성장하리란 기대를 별로 하지 않습니다. 과거의 경험 탓이긴 하지만 학습의 동기가 일어나지 않는 주요 원인입니다. 액션러닝을 제대로 이해한다면 이러한 기대가 생길 것입니다. 마지막으로, 전원참여 원칙을 철저히 지키는 것입니다. 팀플레이에서 프리라이더(free-rider)가 생기면 조직의 역동성이 떨어지고 갈등이 시작됩니다. 집단지능의 장점을 살리기 어려워집니다. 오리엔테이션 과정에서부터 전원참여의 원칙이 지켜지도록 팀의 분위기가 유지되어야 합니다. 이제 12시간의 오리엔테이션을 구성할 내용을 요약한 진행시간표(예시)를 제시하고 필자가 실제 진행한 그대로 설명해나가겠습니다. '액션러닝의 이해' 부분은 제1장과 제2장에서 충분히 논의했으므로 이곳에서는 별도로 다루지 않겠습니다. 액션러닝의 구성요소를 중심으로, 1시간 동안 소화될 수 있을 만큼 정리해서 전달하면 충분합니다.

⟨오리엔테이션 진행계획(예시)⟩

세션	모듈	소요시간	세부내용	비고
1	팀빌딩	2시간	학습목표 및 과정 소개, 팀원 소개 및 팀 구성 (팀 명칭, 팀 구호, 팀장 · 서기, 팀 규칙)	브레인스토밍, 명목집단법, 포스트잇 사용, 멀티보팅
	액션러닝의 이해	1시간	개념, 필요성, 효과, 구성요소	교재 사전학습, 강의, 토의
	팀학습 기술	1시간	아이스브레이크, 어젠다, 피드백, 성찰 · 피드백	실습, 게임
2	팀학습 기술	3시간	지난 세션 리뷰, 경청, 질문	실습, 게임
	문제해결 프로세스	1시간	문제해결 프로세스, 성찰 · 피드백	사례, 토의, 실습, 게임
3	문제해결 프로세스	1시간	지난 세션 리뷰, 문제해결 프로세스	사례, 토의, 실습, 게임
	문제선정	3시간	문제선정, 문제수행서, 문제기술서, 성찰 · 피드백	실습

② 팀빌딩

① 참가자 소개

러닝코치의 인사와 학습목표 및 향후 전개될 과정에 대한 2~3분 정도의 간략한 안내를 한 후 학습팀원들의 소개에 들어갑니다. 이 상호 소개는 액션러닝에 대한 첫인상을 형성하는 매우 중요한 절차입니다. 참가자들은 역동적이고 진솔한 상호 개방과 이해를 통해, 한편으로는 제한된 시간의 구조적 소개 방식을 통해 액션러닝에 대한 호기심과 기대를 가지게 됩니다. "액션러닝, 액션러닝 하더니 뭔가 좀 다르구나. 잘 하면 뭘 좀 배울 수 있겠는데?"

자기소개 방법

① 강의실의 빈 공간에 빙 둘러 않는다.

② 러닝코치가 자기소개 방법을 설명한다. 제한 시간을 지켜달라고 부탁한다. 소개 항목을 포스트잇에 메모해도 좋다고 말한다.
  - 제한 시간: 3분

- 소개 내용: 이름, 소속, 하는 일, 취미, 가족, 액션러닝에 대한 기대감, 팀활동에 기여할 각오, 이 외에 꼭 하고 싶은 얘기

③ 러닝코치가 먼저 자기를 소개한다.

④ 모래시계나 스톱워치로 시간을 측정한다.

⑤ 러닝코치가 지정하거나 팀원들의 호선으로 먼저 할 사람을 선정한다.

⑥ 시계방향으로 돌아가며 자기를 소개한다.

⑦ 소개를 전부 마치면 함께 박수치며 큰 소리로 "만나서 반갑습니다."를 외친다.

② 팀장 · 서기 선출

팀 구성은 팀장과 서기를 선출하고, 팀 명칭과 구호를 정하며, 팀의 운영 규칙을 제정합니다. 팀장은 팀원 호선으로 선출합니다. 간단한 호선 방법은 "시작" 소리와 동시에 각 팀원들이 팀장으로 추천하고 싶은 사람을 손으로 가리키는 것입니다(이 호선 방법은 순서를 정할 때나 사람을 선정할 때 다양하게 사용할 수 있는 아주 유용한 수단입니다). 가장 많은 손길을 받은 사람이 팀장이 됩니다. 부담을 나누고 리더십을 기를 기회를 공평하게 가지기 위해 팀장을 번갈아가며 하는 경우도 있는데 이상적이기는 하나 현실적으로는 한 사람이 계속하는 것이 팀의 안정적 운영에 유리합니다. 팀장은 팀의 대표로서, 필요시 사회자로서, 연락 및 조정자로서, 팀의 구심적 역할을 수행합니다.

서기는 미팅 때마다 팀장 이외의 팀원들이 번갈아가면서 담당합니다. 서기는 미팅에서 있었던 회의 내용과 학습 내용을 일지에 기록하

고 필요하면 학습사이트에 올립니다. 회의 때 차트를 작성하거나 판서를 하는 것도 서기의 역할입니다. 서기가 기록한 것은 중간보고서나 최종보고서의 작성 자료로 쓰입니다. 지난 미팅 때의 내용을 리뷰할 때도 쓰입니다. 서기의 역할은 상당히 부담스러우므로 돌아가면서 하는 것이 공평합니다. 첫 미팅의 서기는 팀장이 지명하거나 팀원들의 호선으로 정합니다. 다음부터는 시계바늘 방향으로 돌아갑니다.

〈호선 방법〉

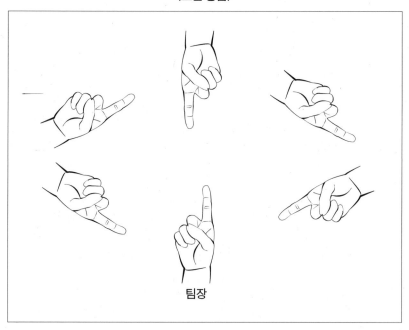

팀장

③ 팀 명칭 · 구호 정하기

팀의 명칭과 구호는 발음하기 좋고 팀의 운영 취지에 적합하다면 어떤 것을 정하더라도 그다지 문제될 것이 없습니다. 올림픽과 월드컵 때는 '골드', '파이팅'처럼 관련된 명칭과 구호로 분위기를 돋우는 경우가 많았고, 일반적으로는 회사의 이미지나 상품과 관련된 것들을 많이 정합니다. 동시에 여러 개의 액션러닝팀을 운영하는 경우는 팀 명칭과 구호를 정해두면 각 팀을 부르거나 구별할 때 용이합니다. 학습팀을 하나만 운영할 때는 굳이 팀 명칭과 구호를 정하지 않아도 큰 불편은 없으나 시작과 마칠 시간, 특별한 결의가 필요할 때 등 계기가 있을 때마다 큰 소리로 팀 명칭과 구호를 외치는 것이 팀의 역동성과 활력을 불어넣는 데 상당한 도움이 됩니다. 팀 명칭과 구호를 외칠 때 재미있는 몸동작을 함께 하기도 하는데 연령이 상대적으로 높은 참가자들이 거북해할 수도 있으므로 주의를 요합니다.

팀의 명칭과 구호를 정할 때는 브레인스토밍(brainstorming), 명목집단법(nominal group technique), 포스트잇 사용, 멀티보팅(multi-voting) 같은 집단의 사결정 기법을 이용합니다. 이것들은 액션러닝에서나 업무상 회의를 할 때 가장 일반적으로 사용되는 아이디어 발산 및 수렴 방법입니다. 팀 명칭과 구호 같은 다소 가벼운 주제를 다룰 때 이 기법의 사용 방법을 익혀 두면, 이후의 학습팀 활동에 큰 도움이 됩니다.

① 러닝코치가 브레인스토밍 방법에 대해 설명한다.

② 러닝코치나 팀장이 최초의 팀원을 지명하거나 지원자가 먼저 시작한다.

③ 시계바늘 방향으로 돌아가면서 아이디어(팀 명칭)를 하나씩 말한다.
  - 희망자만 아이디어를 제시하는 방법도 있으나 필자는 참여의 중요성을 고려하여 이 방법을 선호한다.

④ 러닝코치나 팀장이 화이트보드에 아이디어를 기록한다.

⑤ 여섯 명이 전부 끝나면 추가 아이디어가 있는지 물어본다.
  - 일반적인 주제의 경우는 필요한 크기의 아이디어 풀(pool)이 될 때까지 계속한다.

⑥ 여섯 명이 각각 자기의 아이디어에 대한 제안 설명을 1분 이내로 한다.

⑦ 팀 명칭 채택을 위해 멀티보팅을 실시한다.
  - 후보 명칭이 여섯 개라면 한 사람이 6/2-1개의 점 스티커를 붙이거나 별표를 그린다.
  - 한 사람이 하나의 후보 명칭에는 한 개의 스티커만 부착한다.

⑧ 가장 많은 스티커가 붙은 아이디어를 팀 명칭으로 채택한다.

⑨ 함께 박수치고 환호하며 팀 명칭을 외친다.

브레인스토밍

브레인스토밍은 가장 대표적인 집단의사결정 기법이다. 미주에서는 어디서나 일반적으로 쓰이며 우리나라에서도 많이 쓰인다. 이 기법은 소그룹이 특정한 주제에 대해 다양한 의견을 내고 최선책을 찾아간다. 이 기법을 사용하여 최선의 의사결정에 이르기 위해서는 아래의 몇 가지 규칙을 지켜야 한다.

〈브레인스토밍 규칙〉

- 타인의 아이디어에 대해 비판할 수 없다.
- 생각나는 어떤 아이디어든 말할 수 있다.
- 아이디어의 질보다 양이 우선이다.
- 미리 나온 아이디어를 결합하고 개선해나간다.

브레인스토밍의 장점은 많은 아이디어를 짧은 시간에 발산하게 할 수 있고, 회의에 참석한 모든 사람들이 타인의 눈치를 볼 필요 없이 의견을 낼 수 있다는 점이다. 우리의 조직문화에서는 자유롭게 아이디어를 개진하기가 쉽지 않고 아이디어의 발산 과정에서는 아이디어의 풀을 크게 하는 것이 우선이라는 점을 고려할 때 이 기법은 매우 유용하다. 그러나 주제와 관련성이 낮거나 현실성이 거의 없는 중구난방의 의견들이 쏟아질 우려가 있으므로 아이디어를 선택하는 수렴 과정을 세련되게 운영해야 실효를 거둘 수 있다. 따라서 일단 아이디어 풀을 만든 후에는 짧은 제안 설명이나 약간의 토론 과정을 거쳐 아이디어의 수를 적절하게 줄인 다음 멀티보팅 등을 통해 최종안을 선택하는 것이 좋다. 이 기법은 논리적 결론에 이르러야 하거나 조직에 중대한 영향을 미칠 사안보다는 다양한 아이디어가 필요하거나 참석자 간의 합의가 중요한 사안에 더 적합하다.

투표를 통한 의사결정

　투표를 통한 의사결정은 우리나라 조직에서는 익숙한 방법이 아니다. 사외이사들이 참여하는 일부 상장회사 이사회에서 투표를 통하여 중요한 결정을 하는 경우가 없는 것은 아니나 사전에 충분한 의견 조율을 거쳐 형식적으로 투표를 하는 경우가 대부분이다. 그러나 아주 중대한 문제가 아니거나 합의에 시간이 걸리는 경우 투표를 통해 의사결정을 하면(투표를 통해 의사결정을 한다는 사실에 대해 참석자의 사전 동의가 있는 것이 바람직하다) 시간이 절약되고 결과에 대한 불복 문제도 해결할 수 있다.

　투표는 참여자의 숫자가 많을 때 실효성이 높은 의사결정 방법이지만 액션러닝에서는 참여자의 숫자가 여덟 명 이하인 경우가 대부분이므로 한 사람이 복수의 투표권을 가지는 멀티보팅 방법을 주로 쓴다.

　먼저 투표의 대상인 아이디어나 의견에 대해 약간의 토의를 한 후 대상의 숫자를 적절하게 줄인다. 통상 열 개를 넘지 않는 것이 좋다. 한 사람이 $n/2-1$(n은 투표 대상 아이디어)개의 투표권을 가지고 대상 아이디어들에 나누어 투표하는데 한 아이디어에는 하나의 투표권만 행사한다. 점 스티커를 붙이거나 별표를 그리는 방법으로 투표한다. 동점이 나오면 동점이 나온 아이디어만을 대상으로 재투표한다. 대상 아이디어가 네 개 이하인 경우는 참여자의 수를 고려하여 1인당 투표권의 숫자를 정한다.

　투표 방법은 이 외에도 점수 배분 방법 등 다양하다. 투표를 통한 의사결정 방법은 합의에 시간이 걸리거나 합의 도출이 쉽지 않을 때 써야 하므로 가능하면 합의를 우선해야 한다.

① 러닝코치가 명목집단법과 포스트잇의 사용방법에 대해 설명한다.

② 5분의 시간을 주고 모래시계나 스톱워치로 시간을 측정한다.

③ 각자 세 개의 팀 구호를 적는다.

④ 주어진 시간이 지나면 그 상태로 중지한다.

⑤ 각자 빈 벽면이나 큰 포스트잇(차트용지)에 자기가 쓴 포스트잇을 붙인다.

⑥ 내용을 분류하여 같거나 유사한 것은 합친다.

⑦ 선 채로 약간의 토의를 하고, 아이디어의 숫자를 적절하게 줄인다.

⑧ 멀티보팅하여 팀 구호를 선택한다.

⑨ 함께 박수치고 환호하며 팀 구호를 외친다.

---

tip 3 명목집단법과 포스트잇 사용

NGT로 알려져 있는 명목집단법은 의사결정 회의를 위해 한 장소에 모여 있는 소그룹이 실제로는 그룹으로 활동하지 않고 구성원 각자가 독립적으로 활동한다고 해서 붙여진 이름이다. 이 기법의 특징은 아이디어의 발산 과정에서 그룹 구성원 상호 간에 아무런 토의나 대화를 하지 않는다는 것이다. 아이디어를 내는 동안 의도적으로 서로 대화를 못하게 하여 상호 간의 영향을 차단하는 것이다. 구성원들은 타인의 영향을 전혀 받지 않은 상태에서 자신의 진솔한 의견을 제시할 수 있게 된다.

액션러닝에서 명목집단법을 사용하여 좋은 아이디어를 내기 위해서는 다음의 몇 가지 규칙을 준수할 필요가 있다.

〈명목집단법 규칙〉

- 아이디어를 메모하는 동안에는 서로 말을 하지 않는다.
- 러닝코치나 사회자가 각자 메모할 적절한 아이디어의 개수(몇 개 이상)를 지정한다.
- 주제에 따라 적절한 제한 시간을 부여한다.
- 아이디어는 포스트잇에 메모한다.
- 아이디어는 간단 명료하게 기록한다.
- 아이디어가 공개되어 분류된 다음 제안·지지 이유에 대해 설명을 하거나 토론을 한다.
- 하나의 아이디어를 선택하거나 우선순위를 정해야 할 경우 합의가 쉽지 않으면 투표를 한다.

일반적으로 브레인스토밍이 더 많이 알려져 있는데도 불구하고 이 기법이 우리나라에서 액션러닝의 대표적인 의사결정 방법으로 쓰이게 된 데는 이유가 있다. 서양과 우리나라는 조직문화나 의사소통 방법에 상당한 차이가 있다. 서양 특히 미국은 어릴 적부터 자신의 의사를 충분히 밝힐 수 있는 환경에서 성장하고 그렇게 교육받는다. 조직에서도 자유로운 의견 개진이 요구되고 바람직하게 여겨진다. 우리나라는 과거와는 많이 달라졌다고는 하나 성장 과정에서 그러한 훈련이 부족하고 아직도 공식적인 자리에서 자신의 의견을 자유롭게 개진하는 것이 편치 않다. 표면상으로 그러한 행위가 장려되는 경우에도 실제로 그렇게 행동하는 데는 감수해야 할 위험이 따를 수 있다. 특히 상사가 있는 자리이거나, 상사와 다른 의견을 말해야 할 경우는 더욱 그렇다. 따라서 우리나라의 액션러닝에서는 타인의 시선을 의식할 수밖에 없는 브레인스토밍보다는 혼자서 생각을 정리하여 메모한 다음에 아이디어를 공개하는 명목집단법이 선호되는 것이다. 다소 가벼운 내용이라면 브레인스토밍으로 하고 일반적으로는 명목집단법을 사용하는 것이 바람직하다. 명목집단법으로 의사결정을 할 때 특정한 양식을 사용하는 경우를 제외하고는 아이디어를 포스트잇에 적는 것이 편리하다. 아이디어의 발산 과정에서는 많은 수의 아이디어가 나오게 되는데 같거나 유사한 아이디어가 있을 수 있다. 따라서 아이디어는 공개된 후 합치거나 분류해야 한다. 포스트잇은 이러한 작업을 용이하게 한다. 포스트잇을 잘 사용하기 위해서는 아래의 요령을 따르는 것이 좋다.

〈포스트잇 사용방법〉

- 한 장에 하나의 아이디어만 적는다.
- 잘 보이도록 크게 정자로 적는다.
- 간단 명료하게 결론만 적는다.

④ 팀 규칙 정하기

팀 규칙(ground rules)은 팀학습과 문제해결 활동을 원활하게 하기 위하여 학습팀의 구성원들이 꼭 지켜야 할 최소한의 규범입니다. 우리 관습으로는 팀을 운영한다고 해서 팀 규칙을 정하고 그에 따라야 한다는 것이 익숙하지는 않습니다. 대충 알아서 하면 된다고 생각합니다. 일부 대규모 회사에서는 회의규정 같은 것을 제정하여 비치해두기도 합니다만, 대부분 추상적인 내용이며 실제 회의에서는 별로 쓰이지 않는 것 같습니다. 조직문화 개선 차원에서 "회의는 한 시간 이내로 한다.", "회의용 보고서는 한 쪽 이내로 한다." 등의 지침을 시행하는 회사가 그나마 실효적인 경우라 하겠습니다.

'룰(rule)' 없이 이루어지는, 팀의 일상적인 업무 활동이나 회의 진행상의 불편함과 비효율을 우리는 이미 익히 경험하고 있습니다. 결론이나 합의는 쉽게 나지 않고, 다른 사람의 말에는 귀 기울이지 않은 채 자기의 의견이 옳다는 주장에만 아까운 시간을 허비합니다. 토론을 통해 새로운 것을 발견하거나 배운 것은 없고 서로에게 감정상 앙금만 남기는 일이 다반사입니다. 일부 참석자의 지각으로 인해 회의 개최가 지연되는 일도 보통입니다. 회의 도중 휴대폰 벨이 울린다든가, 옆 사람과 잡담을 한다든가, 자리를 옮긴다든가 하여 회의의 흐름이 끊기는 일도 흔합니다. 따라서 효율적이고 유익하며 즐거운 팀활동과 회의를 위해 규칙이 필요합니다. 서구에서는 각종 회의를 할 때 '룰'을 정하고 시작하는 것이 거의 일반화되어 있습니다. 우리도 액션러닝뿐만 아니라 모든 팀활동이나 회의에서 규칙을 정한다면 활동의 수준을 높일 수 있을 것입니다.

팀 규칙은 구체적이어야 합니다. 팀활동의 목적과 상황에 부합하는 내용이어야 합니다. 구성원들이 무엇을 해야 하고, 무엇을 하지 말아야 하는지 분명히 알도록 해야 합니다. 팀학습과 문제해결을 위해 구성원들에게 무엇이 요구되는지 이해시켜야 합니다. 가능하면 요구되는 구체적 행동을 적시하는 것이 좋습니다. '발언 짧게 하기'보다는 '발언은 1분 이내'가 구체적입니다. 브레인스토밍의 네 가지 규칙은 필수적으로 포함되어야 합니다. 필요하면 벌칙을 정할 수도 있습니다.

규칙은 팀 구성원들이 스스로 정합니다. 스스로 정한 규칙이라야 스스로 지킬 것입니다. 규칙을 정하는 방식은, 앞에서 나온 규칙에 힌트를 얻어 계속 새로운 규칙이 이어지도록 브레인스토밍을 사용하는 것이 좋습니다. 팀 규칙이 전부 정리되면 일지에 기록하고 차트용지에 적어서 벽면에 붙여둡니다. 규칙은 미팅 때마다 다시 지킬 것을 다짐하고 새롭게 필요한 내용을 추가하거나 불필요한 항목을 삭제합니다. 아래에 A 패션신발 회사의 규칙을 참고로 제시합니다.

〈팀 규칙(예시)〉

- 타인의 아이디어에 대해 비판할 수 없다.
- 생각나는 어떤 아이디어든 말할 수 있다.
- 아이디어의 질보다 양이 우선이다.
- 미리 나온 아이디어를 결합하고 개선해나간다.
- 천재지변이나 병가가 아니면 반드시 출석한다.
  - 1회 결석에 5만 원 벌금
- 시작 5분 전까지 의자에 착석한다.
  - 지각 1회에 음료수 사기
- 휴대폰을 끈다.
  - 벨소리 1회에 간식 사기
- 의제에 집중한다.
- 타인의 발언을 경청한다.
- 발언은 2분 이내로 한다.
- 의제마다 반드시 발언한다.
- 다수의 의사에 승복한다.

- 업무분담 임무를 완수한다.

- 피드백을 제대로 하고, 수용한다.

- 시작과 종료 시 팀명과 구호를 외친다.

tip 4 아이디어의 발산과 수렴

실제의 액션러닝에서는 미팅 때마다 끊임없이 각 의제에 대해 의사결정을 한다. 이 과정은 전후 두 단계로 나누어진다. 전 단계는 아이디어나 의견을 내는 '발산' 단계이고, 후 단계는 제시된 아이디어나 의견에 대해 토의하고 최종안을 선택하는 '수렴' 단계이다. 액션러닝 학습팀은 기본적으로 집단회의체이기 때문에 아이디어의 발산과 수렴 과정을 어떻게 운영하느냐가 문제에 대한 최종 해결책의 효율성과 효과성의 관건이 된다. 아이디어의 발산과 수렴에는 다양한 기법과 프로세스를 사용할 수 있다. 중요한 점은 아이디어를 발산할 때는 자유로운 분위기를 조성하여 창의적인 아이디어가 많이 나오도록, 즉 가능한 한 아이디어의 풀이 커지도록 하고, 수렴할 때는 제시된 아이디어에 대해 논리적인 토의와 평가 과정을 거쳐 합의된 결론에 도달해야 한다는 것이다.

아이디어를 발산하고 수렴하는, 즉 문제해결과 의사결정 및 창의력 개발에 관한 기법과 도구는 이미 개발되어 있는 것만 해도 수백 가지가 넘는다. 시중에 나와 있는 관련 도서도 수십 종은 된다. 앞에서 소개한 브레인스토밍, 명목집단법, 멀티보팅과 포스트잇 사용은 범용성이 있고 상대적으로 많이 쓰이긴 하지만 그중의 일부일 뿐이다. 러닝코치라고 해도 모든 기법과 도구를 능숙하게 사용하는 것은 현실적으로 매우 어렵다. 기법과 도구마다 나름의 장단점이 있고 문제와 상황에 따라 적용성이 다를 수 있다. 러닝코치는 위에 언급된 것들과 앞으로 이 책에서 쓰이게 될 몇 가지 기법과 모든 도구들에 관해서는 그 사용법에 익숙해져야 한다. 나머지는 문제와 상황에 따라 필요하면 선택해 사용할 수 있도록 평소에 확인해둘 필요가 있다. 기법과 도구가 이렇게 많다고 해서 걱정할 필요는 없다. 비슷한 내용의 것들이 대부분이고, 이 책에서 소개되는 것들만 잘 쓸 수 있어도 입문자로서는 큰 불편이 없을 것이다.

> • 아이디어 발산 단계: 창의적 접근
> • 아이디어 수렴 단계: 논리적 접근

③ 팀학습 기술

① 아이스브레이크

아이스브레이크(ice-break)는 단어의 뜻 그대로 차가운 분위기를 깨는 활동을 말합니다. 회의에 몰입할 수 있는 환경을 조성하기 위한 일종의 오프닝으로서 러닝코치나 팀장이 주도합니다. 아이스브레이크는 근래에 강의, 워크숍, 회의 등 거의 모든 집단 활동에 보편화되어 있습니다. 서로의 안부를 묻거나 스트레칭 같은 간단한 신체 활동, 재미있는 게임 및 퀴즈 등 방법도 매우 다채롭습니다. 러닝코치는 익숙하게 진행할 수 있는 10가지 정도의 활동을 평소에 준비해두고 상황에 따라 사용할 수 있어야 합니다. 구체적인 기법은 시중에 관련 책들이 많이 나와 있고 인터넷 등에서 쉽게 구할 수도 있습니다.

아이스브레이크를 할 때 주의할 사항이 있습니다. 상황에 맞게, 재미있게, 모든 구성원들이 자연스럽게 참여할 수 있는 방법을 택해야 합니다. 특히 신체활동을 할 때는 연령, 지위, 남녀 등 구성원들의 인적 구성을 고려해야 합니다. 가능하면 5분 이내로 짧게 하고, 그날의 의제와 관련 있는 내용이 좋습니다. 아이스브레이크 중 어떤 것은 너무 많이 알려져서 참여자들이 식상해할 수도 있습니다. 주제에 시사점을 줄 수 있는 참신한 퀴즈나 유머 같은 것을 직접 개발해보면 어떨까요?

② 어젠다

어젠다(agenda)는 회의시간표입니다. 공식 회의, 워크숍, 강의를 할 때 일정표를 작성하는데 대개는 시간 단위로 합니다. 이와 달리 액션러닝에서는 매우 상세한 시간표를 만듭니다. 회의에 집중할 수 있도록 긴장감을 유지하고, 시간을 효율적으로 사용하기 위해서입니다. 액션러닝에 처음 참가하는 팀원들은 그날의 미팅이 어떻게 진행될 것인지에 대해 잘 알지 못합니다. 따라서 초기 세션에서는 러닝코치가 어젠다를 작성하여 팀원들에게 제시하고 동의를 구합니다. 작성된 어젠다는 전원이 볼 수 있도록 벽면에 게시합니다. 팀원들이 액션러닝의 프로세스에 어느 정도 익숙해진 후에는 팀장이 주도하여 팀원들과 작성합니다. 어젠다를 작성한다고 해서 그날의 실제 진행이 꼭 어젠다대로 되어야 한다는 것은 아닙니다. 그렇게 되기도 어렵습니다. 누차 말했듯이 액션러닝은 그 진행 과정이 매우 역동적이고 유연합니다. 따라서 전체적으로 최종 목적을 향해 가면서 끊임없이 의제와 일정이 조정되게 마련입니다. 의제와 일정을 끊임없이 조절하면서, 최단거리로 안전하게 목적지에 도착하도록 이끄는 사람이 훌륭한 러닝코치입니다. 아래는 앞에서 제시한 오리엔테이션의 첫날 세션 어젠다(예시)입니다.

〈어젠다〉

시간	내용	비고
14:00 ~ 14:10	아이스브레이크, 과정 소개	
14:10 ~ 14:40	팀원 소개	
14:40 ~ 14:50	팀장 · 서기 선출	호선
14:50 ~ 15:00	휴식	
15:00 ~ 15:30	팀 명칭 · 구호 제정	B/S, NGT, M/V, 포스트잇
15:30 ~ 15:50	팀 규칙 제정	B/S
15:50 ~ 16:00	휴식	
16:00 ~ 16:50	액션러닝의 이해	
16:50 ~ 17:00	휴식	
17:00 ~ 17:10	아이스브레이크, 어젠다	
17:10 ~ 17:40	피드백	
17:40 ~ 18:00	성찰/피드백	

③ 피드백

피드백은 여러 의미를 내포하고 있습니다. 개인이나 조직이 특정 행위를 하여 발생한 결과를 당사자인 그 개인이나 조직에게 알려주는 행위, 어떤 조치 · 행위 · 정책 등에 대한 반응, 특정인의 행위에 대한 칭찬 · 의견 제시 · 충고 등 다양합니다. 여기서는 위에 언급된 모든 내용을 포괄하는 넓은 의미로 쓰겠습니다. 피드백이 액션러닝에서 중요한 팀학습 기술의 하나로 쓰이는 이유는 팀원들이 상호 피드백을 통하여 격려를 받고 성찰과 학습을 할 수 있기 때문입니다. 사람은 누구나 모든 일에 완벽할 수 없습니다. 피드백이 없다면 자신이 한 행위가 타인에게 어떤 영향을 주고, 어떻게 이해되는지를 온전하게 알기 어렵습니다. 따라서 피드백은 성찰의 계기를 마련해주고 다양하고 새로운 관점을 가지게 합니다.

피드백을 굳이 구분하자면 긍정적 피드백과 부정적 피드백으로 나누어집니다. 긍정적 피드백은 어떤 행위가 바람직할 때 나오는 반응입니다. 따라서 긍정적 피드백은 대상이 되는 바람직한 행위를 격려하여 향후에도 그러한 행위를 계속하도록 강화하는 기능을 합니다. 칭찬이 대표적인 긍정적 피드백입니다. 학습팀원들은 상호 칭찬을 통하여 그 행위의 당사자와 모든 팀원들이 그와 같은 행위를 반복하도록 격려합니다.

칭찬에도 기술이 필요합니다. 가장 중요한 점은 진심 어린 칭찬을 하는 것입니다. "칭찬은 고래도 춤추게 한다."라고 하여 마음에도 없는 입에 발린 칭찬을 한다거나, 특별히 칭찬받을 만한 일을 한 적도 없는데 칭찬을 남발하면 사람을 조종한다는 오해를 살 수도 있습니다. 진심으로 칭찬하면 표현상으로 세련되지 못하더라도 충분히 마음이 전달될 것입니다.

다음으로 칭찬은 항상 구체적이어야 합니다. 행위가 일어난 바로 그 자리에서 즉시 하는 칭찬의 경우는 "멋있어.", "잘 했어." 같이 구체적 행위를 적시하지 않아도 충분하지만 보통의 경우는 "지난번 자네가 준 의견은 정말 큰 도움이 되었네." 같이 구체적 행위를 언급하는 것이 바람직합니다. 그래야 무엇에 대해 칭찬받는지를 분명히 느낄 수 있습니다. "자네는 머리가 정말 좋아."처럼 구체적 행위가 아니라 성격이나 능력 등 사람의 속성에 대해 칭찬하는 것은 특별한 경우가 아니면 바람직하지 않습니다.

결과보다는 과정을 칭찬하는 것이 좋습니다. 일을 하다 보면 열심히 했는데도 불구하고 결과가 좋지 않을 때도 있습니다. 언제나 좋은 결과를 내는 것은 현실적으로 불가능합니다. 결과에 대해 피드백을 하는 것은 별도로 하더라도 그 과정에서의 노고에 대해 칭찬을 한다면 상당한 격려가 될 것입니다. 만약 언제나 결과만을 평가의 기준으로 삼는다면 리스크가 따르는 시도는 아무도 하려고 하지 않을 것입니다.

직접적인 칭찬의 표현 없이 바람직한 행위를 언급하는 것만으로도 충분한 효과가 있습니다. "밥은 먹고 하는 거야?", "좀 쉬어가며 하지 그래.", "아이디어 괜찮은데!", "신경 좀 썼네!", "이거 정말 맛있어!" 이런 표현들은 우리네 정서에 맞는 최고의 칭찬입니다. 칭찬은 기본적으로 타인의 존재와 행위에 대한 인정에서 우러나와야 합니다. 칭찬의 기술이 필요하기는 하지만 진심에서 우러난 타인에 대한 인정과 관심이 없다면 칭찬의 기술 자체는 무의미할 것입니다.

〈칭찬의 기술〉

- 진심 어린 칭찬을 한다.
- 구체적 행위를 칭찬한다.
- 결과보다는 과정을 칭찬한다.
- 직접적인 칭찬의 표현 없이 바람직한 행위를 언급한다.

부정적 피드백은 바람직하지 않은 행위나 결과에 대해 그 사실을 인지할 수 있도록 정보를 제공하거나, 의견을 제시하거나, 훈계 · 충고 · 비난하거나, 벌을 부과하는 행위 등을 포괄합니다. 일반적으로 피드백이라면 이 부정적 피드백을 말합니다. 액션러닝에서는 주로 정보 제공과 의견 제시 방식으로 피드백을 합니다.

부정적 피드백을 할 때 가장 중요한 점은 단지 행위나 결과의 잘잘못을 논하는 것이 아니라 당사자와 팀의 성찰과 학습을 위해서 해야 한다는 것입니다. 상대를 '위하는' 마음이 없다면 피드백은 결국 비난에 지나지 않을 것입니다. 표면상으로는 위하는 것처럼 포장하여도 진정으로 위하는 마음이 없다면 당사자와 다른 팀원들에게 비난의 느낌이 전달되고 말 것입니다. 역으로, 진정 위하는 마음이 있다면 다소 거북한 내용이더라도 용기를 내어 말해야 하고, 관심과 사랑의 표현으로 받아들여 고마움을 느끼게 할 것입니다.

부정적 피드백도 칭찬과 마찬가지로 구체적 행위에 초점을 맞추어 해야 합니다. 행위와 인격을 분리해야 합니다. 문제의 대상 행위에 대해서만 얘기해야지, "성격이 급하신가 봐요.", "소극적 태도를 좀 더 적극적으로 바꾸시면 좋을 것 같습니다." 같이 인격에 대해 언급하면 당장 반격을 받게 될 것입니다.

부정적 피드백의 기술로 'I 대화법'이 있습니다. 상대의 구체적 행위에 초점을 맞추더라도 표현 방법은 자기의 느낌에 중점을 두는 것입니다. "제 말을 잘 안 들으시더군요."보다는 "제 말을 잘 안 듣고 계신다는 느낌을 받았습니다."가 듣는 사람의 입장에선 훨씬 수용하기가 수월할 것입니다. 이 대화법은 상대의 변화를 원할 때 상대의 행위가 잘못

되었다는 것이 아니라, 대상 행위로 인하여 내가 겪는 어려움과 불편 · 느낌을 전달함으로써 상대의 공감을 이끌어내는 데 도움을 줍니다.

〈피드백의 기술〉

- 상대를 위하여(성찰과 학습) 한다.
- 구체적 행위나 결과에 초점을 맞춘다.
- I 대화법으로 한다.

4 성찰 · 피드백

액션러닝에서 성찰과 피드백은 회의가 진행되는 동안, 또는 현장 활동 중에 언제라도 대화와 관찰을 통해 의식적 · 무의식적으로 이루어집니다. 우리는 살아 있는 동안 끊임없이 성찰하고 타인에게 피드백 합니다. 만약 성찰과 피드백 활동이 없다면 우리는 경험과 대화를 통해 아무것도 학습할 수 없을 것입니다. 이렇게 일상에서 자연스럽게 이루어지는 성찰과 피드백이 어쩌면 가장 본질적일 것입니다.

경험과 상호작용을 통한 학습을 중시하는 액션러닝은 학습의 효과를 담보하기 위하여 '성찰 · 피드백' 시간을 별도로 마련하여 운용하고 있습니다. 그날의 모든 활동을 마무리하는 시간입니다. 그날의 활동을 통해 자기가 무엇을 느끼고 배웠으며 무엇을 어떻게 개선하려 하는지에 대해 얘기하고, 잘한 것은 무엇이고 고쳐야 할 것은 무엇인지에 대해 상호 피드백 해줍니다.

어젠다대로 일정을 진행하려고 노력해도 때때로 시간이 부족해집니다. 이럴 경우 대개는 성찰·피드백 시간을 줄이거나 생략하게 됩니다. 시간관리를 잘 해야겠지만 어쩔 수 없이 시간이 부족해지면 회의를 중단하고 성찰·피드백 시간을 확보하는 것이 더 낫습니다. 성찰·피드백에 사용할 시간은 한 세션의 전체 시간과 팀원의 수에 따라 약간은 달라지겠지만 15~20분이 적당합니다.

성찰과 피드백을 할 때는 미리 얘기할 내용을 포스트잇이나 노트에 간단히 메모합니다. 성찰·피드백의 항목을 미리 인쇄해둔 일정 양식을 사용하기도 하는데 필자의 경험으로는 바람직하지 않습니다. 방법에 익숙하지 않은 액션러닝 초기에는 다소 도움이 되겠지만, 이후에는 오히려 사고와 관점이 제한되고 매너리즘에 빠져 대부분의 팀원들이 비슷한 얘기를 하게 됩니다.

피드백의 대상은 팀 동료, 사회자, 러닝코치입니다. 피드백할 내용은 활동 전반에 관해서 학습에 도움이 될 수 있으면 무엇이든 상관없습니다. 활동에 필요한 정보, 팀학습 기술, 태도 및 리더십 등입니다. 사회자와 러닝코치에 대한 피드백은 미팅 때마다 하기는 시간상 무리입니다. 2~3회에 한 번 해도 충분합니다. 팀 전체에 대한 피드백도 2~3회에 한 번 정도 실시합니다. 팀활동의 어떤 점이 부족한지, 어떻게 개선하면 좋을지 등을 얘기합니다.

성찰한 내용은 필요하면 각자 자신의 성찰일지에 기록하여 보관합니다. 팀 동료 상호 간의 피드백 메모는 서로 교환하여 각자 보관합니다. 자신이 변화해가는 모습을 스스로 확인할 수 있다면 학습에 큰 도움이 될 것입니다. 팀 피드백 내용은 학습일지에 기록합니다. 중간보고서와 최종보고서를 작성할 때 팀워크의 성장을 확인할 수 있을 것입니다.

성찰과 피드백을 할 때 러닝코치의 역할은 매우 중요합니다. 팀원들이 성찰·피드백의 요령에 익숙해지기 전까지는 내용이 중구난방이거나 불분명하거나 두루뭉술한 경우가 많고, 다소 익숙해진 후에는 매너리즘에 빠져 의례적인 뻔한 얘기를 반복하는 경향이 나타납니다. 액션러닝을 하면서 모든 과정이 이상적으로 진행되리라 기대하기는 어렵습니다. 러닝코치는 이때 강력한 질문을 통해 개입합니다. 성찰과 피드백을 구체화시키고 심화시켜야 합니다.

⑤ 지난 세션 리뷰

학습팀이 매주 한 번씩 만나는 경우, 팀원들은 자신들의 일상 업무와 현장활동으로 매우 바쁜 한 주를 보내게 됩니다. 지난 미팅에서 토의하고 학습한 내용을 상당 부분 기억하지 못하는 것이 당연합니다. 따라서 당일의 미팅에 필요한 내용을 상기할 필요가 있고, 학습한 내용을 체화시키기 위해서 지난 세션에서 있었던 내용을 리뷰하는 시간을 가집니다. 소요 시간은 5~10분 정도면 충분합니다.

러닝코치가 개입하여 리뷰하는 경우는 리뷰할 내용을 팀원들의 수만큼 나누어 각 팀원에게 질문하거나 설명을 요청하는 방법으로 합니다. 충분한 설명이 나오지 못해 보충할 필요가 있으면 다른 사람에게 질문하거나 자원자를 요청합니다. 시간이 다소 걸리고 내용 정리가 잘 안

되는 경우가 있지만 이 방법이 학습효과가 높습니다. 지난 세션의 서기가 학습일지를 토대로 리뷰하는 방법도 있습니다. 자신이 직접 기록하였고 일지를 보면서 하기 때문에 시간이 절약되고 내용이 명료합니다. 그러나 나머지 사람들은 수동적으로 듣기만 하기 때문에 학습효과는 다소 의심스럽습니다. 러닝코치가 상황에 따라 적당한 방법을 택해야 할 것입니다.

6 경청

경청은 크고 심오한 주제입니다. 단순한 의사소통의 스킬이라고 하기에는 일과 삶에서 차지하는 중요성이 너무나 큽니다. 크게는 국민의 소리를 듣는 일부터 작게는 자녀의 애기를 들어주는 일까지 일과 인간관계의 치명적 성패와 관련됩니다. 경청을 단일 주제로 다루는 책만 해도 수없이 많습니다. 많은 리더들이 경청의 중요성을 이해하고 스킬을 훈련하는 데 엄청난 노력을 쏟고 있습니다. 그럼에도 불구하고 많은 리더들이 경청의 어려움을 호소하고 있습니다. 너무나 중요하고 너무나 흔한 주제, 그것이 경청의 모습입니다.

경청의 어려움은 그것이 단순히 훈련만 많이 받으면 잘 하게 되는 스킬이 아니기 때문입니다. 반복해서 특정 행동을 상당 기간 계속하면 습관이 형성될 가능성이 있고 이 점에서는 경청도 예외는 아닐 것입니다. 그러나 경청은 기본적으로 각 개인의 정신 모델(관점, 패러다임, 기본 가정, 신념 등과 같은 개념)과 깊은 관련이 있습니다. 정신적 · 인지적으로 타인의 존재를 인정하고 존중하지 못하면 아무리 행동상의 반복훈련을 계속한다 하더라도 경청의 습관은 뿌리를 내리지 못할 것이기 때문입니다. 인정하고 존중하지 않는 사람의 말을 귀담아 들을 필요가 있겠습니까? 이기적인 동물인 사람이 언제나 타인의 존재 자체를 인정하고 존중하는 것이 과연 쉬울까요? 그래서 경청은 역설적으로 '성인(聖人)의 도(道)'라 할 수도 있겠습니다.

정신 모델은 변할 수 있습니다. 쉽지는 않지만. 사람이 다르면 생각과 행동이 다르다는 사실과, 그들은 다르게 생각하고 행동할 권리가 있다는 사실을 먼저 인정해야 합니다. 내가 인정하지 않으면 그들도 나를 인정하지 않을 것이라는 사실을 깨달아야 합니다. 여기에서부터 출발하면 우리는 경청의 도에 다가갈 수 있습니다. 약간의 훈련이 필요하지만 굳이 훈련하지 않아도 큰 문제가 되지는 않습니다.

액션러닝을 코칭하면서 참가자들로부터 가장 많이 들은 얘기가 "자신이 그동안 남의 얘기를 잘 안 들었던 것 같다. 내 생각만 옳다고 주장한 것 같다. 동료들이 이렇게까지 나와 다른 생각을 하고 있을 줄은 정말 몰랐다."라는 것입니다. 필자가 보기에도 대체로 가장 큰 변화는 경청 습관의 형성입니다. 처음엔 학습팀 활동 규칙과 분위기 때문에 어쩔 수 없이 참다가 세션이 거듭되면서 차츰 경청하고 대화하는 습관이 형성되었습니다.

오리엔테이션에서 경청 훈련의 요점은 세 가지입니다. ① 경청의 중요성과 효과를 이해하고, ② 자신이 그동안 얼마나 남의 말을 잘 안 들어 왔으며 타인을 잘 이해시키고 이해하는 것이 얼마나 어려운지를 깨닫고, ③ 경청에 필요한 최소한의 스킬을 익히는 것입니다. 먼저 깜짝 퀴즈로 오프닝을 합니다. 이 퀴즈는 필자가 미국 연방알선조정청(Federal Mediation and Conciliation Service) 연수에서 배운 것입니다.

경청 퀴즈

① 러닝코치가 팀원 여섯 명에게 묻는다. 정답을 맞히는 사람에게는 선물이 있다고 한다. 한 개 이상의 답을 의무적으로 적도록 한다.
  - 문제: "대통령 오바마가 취임 후 첫 번째 중대한 외교적 조치를 취했는데 그의 전권대사 조지 미첼(George Michell)을 중동에 파견하는 것이었다. 미첼에게 어떤 지시를 하였겠는가?"
  - 답: "잘 듣고 오라."

② 시간을 2분으로 제한한다.

③ 각자 포스트잇에 답을 적는다.

④ 시간이 지나면 한 사람을 지명하고 시계바늘 방향으로 돌아가며 답을 말한다.

⑤ 답을 맞힌 사람이 있으면 선물을 주고 모두 박수치며 축하한다.

⑥ 아무도 못 맞히면 넌센스 퀴즈라 정답이 없다며 답을 애기한다.

〈경청의 중요성과 효과〉

- 말이 안 통한다. 벽 보고 얘기하는 것 같다.
- 얘기하고 나니 속이 후련하다. 10년 묵은 체증이 내려가는 것 같다.
- 아내가 남편과 이혼하는 가장 큰 이유 중 하나는 "남편이 나의 말을 잘 들어주지 않는다."이다.
- 누구에게든 찍히고 싶으면 그의 말을 잘라라.
- 얘기를 들어주는 사람이 없어 정신과 의사를 찾는다.

- 암행어사, 신문고, 여론조사는 모두 경청의 수단이다.
- 경청의 치유적 효과
  - 화나거나 슬프거나 외로운 사람들을 위하는 가장 좋은 방법은 그들의 말을 끝까지 들어주는 것이다.
  - 경청으로 불만의 90%는 해결된다.
- 일본에는 온라인 경청사업이 번창하고 있다.
- Hearing vs. Listening

우리는 흔히 다른 사람들이 우리의 말을 잘 들어주지 않는 데 대해 화나고 스트레스를 받으면서도, 정작 자신이 남의 말을 잘 들어주지 않아 그들을 얼마나 좌절하게 하는지에 대해서는 깨닫지 못하고 있습니다. 한편 언어의 미묘한 뉘앙스로 인하여 서로를 잘 이해한다는 것이 얼마나 어려운 일인지도 잘 모르고 있습니다. 학습팀원들이 몇 가지 롤 플레잉(role playing) 게임을 통하여 이런 사실들을 절절이 느끼도록 합니다. 그 중 세 가지를 소개합니다. 게임에 들어가기 전에 각자 살아오면서 남의 말을 잘 들어주지 않아서 낭패를 겪었거나, 다른 사람이 자신의 말을 잘 들어주지 않아서 좌절을 겪었거나 오해가 생긴 경험을 돌아가며 2분씩 얘기합니다. 러닝코치는 "그래서 어떻게 됐나요?", "그때 어떤 기분이 들었나요?" 같은 적절한 질문을 통하여 성찰이 깊어지도록 돕습니다.

사오정 게임(1)

① 러닝코치가 게임의 요령을 설명한다.

② 하나의 역할의 제한 시간을 2분으로 한다.

③ A/B, 2인이 1조가 된다.

④ 무릎이 닿을 정도로 마주 보고 의자에 앉는다.

⑤ 먼저 A가 B를 보며 최근에 겪었던 슬프거나, 스트레스 받았던 일에 대해 얘기한다.

⑥ B는 A의 얘기에 집중하지 않고 딴짓을 한다.

⑦ 2분이 지나면 역할을 바꾼다.

⑧ 다 마치면 돌아가면서 짧게 소감을 얘기한다.

사오정 게임(2)

① 러닝코치가 민감한 주제의 예를 몇 가지 든다(예: 반값 등록금, 무상급식, 재산세 인상, 안락사 등).

② 3분 동안 상대방의 말에 상관하지 않고 일방적으로 자기의 주장만 계속해야 한다는 점을 강조한다.

③ A/B 두 사람이 주제와 찬반 역할을 정하고 각자 반대되는 의견을 동시에 일방적으로 얘기한다.

④ 시간이 끝나면 돌아가면서 짧게 소감을 얘기한다.

종이접기 게임

① A/B, 2인이 1조가 된다.

② 15cm 정도 크기의 정사각형 종이를 각각 두 장씩 나누어준다.

③ A/B는 서로 등을 대고 선다.

④ 러닝코치가 게임의 규칙을 설명한다.
   - 게임이 진행되는 동안 지시받는 사람은 질문할 수 없다.

- 지시는 "대각선으로 접는다", "반으로 접는다"와 같이 간단 명료하게 한 문장으로 한다.
- 세 번을 접도록 지시하고 네 번째는 한 귀퉁이를 찢는다.

⑤ 먼저 A가 자신의 종이를 접으면서 규칙대로 지시한다.

⑥ B는 A의 지시대로 종이를 접는다.

⑦ 끝나면 각자 종이를 펴서 비교한다.

⑧ 역할을 바꾼다. 이번엔 서로 볼 수는 없으나 질문하고 대답할 수는 있다. 접거나 찢는 방법을 상세히 설명할 수 있다.

⑨ 끝나면 각자 종이를 펴서 비교한다.

⑩ 두 번의 게임을 통해서 무엇을 느꼈는지 토의한다.

경청 훈련의 마지막 단계는 스킬 습득입니다. 상대에 대한 진정한 인정과 존중, 공감의 의지가 있다면 스킬 자체는 그리 중요하지 않을 수도 있습니다. 상대에 대해 관심과 호기심이 생기면 자연히 오감이 반응합니다. 우리는 모두 어느 정도는 이미 그렇게 하고 있습니다. 또 그렇게 하는 것이 대화 상대에 대한 예의이기도 합니다. 그럼에도 불구하고 스킬 훈련이 필요한 이유는, 의식적인 노력을 통하여 우리의 경청 태도를 점검하고 습관을 형성할 기준으로 삼을 수 있기 때문입니다. 경청 스킬 훈련을 하면서 주의할 점이 있습니다. 경청 태도가 자연스러워야 한다는 것입니다. 지나친 리액션은 상대가 조종당하고 있다는 느낌을 받을 수도 있습니다. 스킬 훈련은 먼저 러닝코치의 시연을 보고 어떻게 하는 것이 좋은 태도인지를 알고 난 후 팀원들이 롤 플레잉을 하는 순으로 진행합니다.

① 함께 시연을 할 자원자를 선발한다.

② 자원자가 최근에 있었던 슬프거나 스트레스를 받았던 실제 상황에 대해 5분 정도 천천히 얘기한다.

③ 러닝코치는 다양한 리액션을 보여준다.

④ 나머지 다섯 명은 시연의 중간중간 메모한다.

⑤ 시연이 끝나면 자원자는 소감을 얘기한다.

⑥ 자원자가 자리에 돌아간 후 러닝코치는 팀원들에게 자기가 얘기를 들으면서 어떤 반응을 보였는지 물어본다.

⑦ 팀원들의 대답을 화이트보드에 기록한다(경청의 기술).

⑧ 러닝코치의 경청 태도에 대한 느낌을 물어본다(자연스러웠는가?).

〈경청의 기술〉

- 신체적 태도 및 반응(Using your body)
  - 자주 눈맞춤을 하라.
  - 몸은 상대방을 향하라.
  - 가끔 머리를 끄덕이라.
  - 적당히 맞장구를 치라.
- 상대의 말을 평가하거나 판단하지 말라.
- 상대의 말에 집중하라.
- 확인하기(clarification)
  - ……라는 말씀인가요?
  - 자세히 말씀해주시겠습니까?
- 되묻기(paraphrasing, backtracking)
  - 그래요. 당신은 ……라고 생각하고 있군요.

- …… 때문에 화가 났군요.
- 당신 얘기는 ……이군요. 제가 바로 이해하고 있나요?

• **요약하기**(summarising)
    - 상대방의 핵심 주장을 요약하라.
    - 당신의 요약이 정확한지 물어보라.

경청 롤 플레잉

① 사오정 게임(1)과 같이 한다.

② 제한 시간을 5분으로 한다.

③ 앞에서 배운 모든 스킬을 활용하여 상대의 얘기를 경청한다.

④ 마치면 파트너끼리 피드백한다.

⑤ 돌아가며 소감을 얘기한다.

⑥ 경청 훈련을 하기 전과 후의 차이에 대해 토의한다.

7 질문

경청과 달리 질문은 상당한 기술입니다. 어릴 때의 질문 본능을 거의 잃어버린 성인들은 의식적인 노력을 통해 체화시키고 습관을 형성해야 하는 기술입니다. 일상의 삶이나 업무에서 질문을 어느 정도 자연스럽게 할 수 있게 되기까지는 꽤 많은 시간의 공을 들여야 합니다. 한편 질문은 경청과 단짝입니다. 상대의 얘기를 잘 듣지 않은 상태에서 좋은 질문이 나올 수는 없습니다. 또 주의 깊은 관찰을 통해 상황을 잘 파악해야만 쓸 만한 질문을 할 수 있습니다.

질문은 액션러닝에서만 쓰는 기술이 아닙니다. 경청과 함께 모든 의사소통의 기본 태도이자 핵심 기술입니다. 생산적인 대화나 회의를 하기 위해서는 말하는 방식이 의견제시나 주장에서 질문으로 바뀔 필요가 있습니다. 지시보다는 질문이 훨씬 부드러우면서도 강력합니다. 질문이 얼마나 효과적이면 "리더는 질문으로 리드한다.", "질문 잘하는 CEO가 훌륭한 CEO다."라는 명제가 회자되겠습니까?

질문으로 일하는 러닝코치에게도 좋은 질문은 어렵습니다. 하물며 액션러닝이 처음인 학습팀원들은 어떻겠습니까? 오리엔테이션에서 약간의 질문 훈련을 거치지만 오래된 '진술과 지시 습관'은 쉽사리 바뀌지 않습니다. 미팅 때마다 코치가 개입하여 질문으로 말하기를 촉진하는 것도 한계가 있습니다. 결국은 참가자 자신들의 부단한 노력에 기대를 거는 수밖에는 없습니다. 코치가 끊임없이 좋은 질문을 계속함으로써 롤 모델이 되어야 합니다. 참가자들은 세션이 거듭될수록 질문의 중요성과 효과를 깨달아가며 조금씩 질문을 시험하기 시작합니다.

질문에 대한 오리엔테이션은 러닝코치의 질문과 참가자들의 대답, 참가자들의 질의와 코치의 설명, 참가자들끼리의 질문과 대답 방식으로 진행합니다. 반복되는 질문과 대답의 과정에서 ① 어떤 것이 좋은 질문인지, ② 질문의 유형은 어떤 것이 있는지 알게 되고, ③ 상황에 따른 적절한 질문을 만드는 연습을 합니다. 러닝코치가 다음의 표와 같이 진술·지시 문장을 말하면 참가자들이 적절한 질문 문장으로 답하는 연습으로 훈련을 시작합니다. 코치는 적절한 답이 나올 때까지 더 좋은 질문이 없는지 계속 묻습니다. 표의 오른쪽 칸에는 필자가 생각하는 적절한 질문을 참고로 제시합니다. 실제의 오리엔테이션에서는 더 많은 예문이 필요할 것입니다.

〈진술 · 지시 vs. 질문〉

진술 · 지시	질문
• 오늘 점심은 곰탕으로 합시다.	• 오늘 점심은 무엇으로 할까요?
• 내일까지 이거 끝내.	• 이거 언제까지 마칠 수 있을까?
• 이거 이렇게 해.	• 이거 어떻게 하는 것이 좋을까?
• 이번 체육행사 등산은 북한산으로 하는 게 어때?	• 이번 체육행사 등산은 어디가 좋을까?
• 이번 일 실패 원인은 A잖아.	• 이번 일을 왜 실패했을까?
• 이번 프로젝트의 적임자는 B과장이겠지?	• 이번 프로젝트의 적임자는 누구라고 생각해?
• 오늘 미팅에서 우리의 경청 태도는 미흡했습니다.	• 오늘 미팅에서 우리의 경청 태도는 어땠습니까?
• 오늘 미팅에서는 질문보다 진술이나 주장이 많았습니다.	• 오늘 미팅에서 질문의 질과 양은 어땠습니까?
• 다음 미팅을 위하여 C를 준비하세요.	• 다음 미팅을 위하여 무엇을 준비해야 할까요?
• 오늘은 D를 잘했습니다.	• 오늘 잘한 것은 무엇입니까?
• E자료는 F에서 구할 수 있습니다.	• E자료는 어디서 구할 수 있죠?
• 오늘 학습한 것 중 중요한 것은 G가 아닐까요?	• 오늘 학습한 것 중 무엇이 중요하다고 생각합니까?

좋은 질문은 어떤 것일까요?

〈좋은 질문〉

- 열린 질문, 중립 질문
- 상황과 문제를 생각하게 하는 질문, 즉 성찰하게 하는 질문
  - 예상되는 장애는 어떤 것이 있을까요?
  - 이 일이 실패할 경우 어떤 파급효과가 있을까요?
  - 우리의 목표를 달성하기 위해 무엇을 해야 할까요?
- 기존 지식이나 패러다임에 의문을 갖게 하는 질문
  - 이것의 진정한 가치는 무엇입니까?
  - 이 전략이 우리 회사에 어떤 도움을 주었나요?
  - 계속 이렇게 간다면 우리의 미래는 어떻게 될까요?
- 새로운 관점을 가지게 하는 질문
  - 다른 사람들은 어떻게 생각할까요?
  - 당신이 진정으로 원하는 것은 무엇입니까?
  - 당신이 그 입장에 있다면 어떻게 하시겠습니까?
- 문제의 해결책으로 이끄는 질문
  - 그것의 핵심 원인은 무엇입니까?
  - 그 외에는 무슨 방법이 있겠습니까?
  - 그 문제의 이해관계자로는 누가 있을까요?

질문의 유형에는 어떤 것이 있을까요?

〈열린 질문 vs. 닫힌 질문〉

열린 질문	닫힌 질문
• 이번 휴가는 어땠습니까?	• 휴가는 재미있었습니까?
• 질문은 어땠습니까?	• 좋은 질문이었습니까?
• 어디에서 놀았니?	• 운동장에서 놀았니?
• 오후에는 뭐 했니?	• 오후에는 공부했니?
• 누구랑 갔었니?	• A와 갔었니?

〈중립 질문 vs. 유도 질문〉

중립 질문	유도 질문
• 휴가는 어디로 갈까요?	• 휴가는 하와이가 어때요?
• 어떤 방법이 좋을까요?	• A 방법이 어떨까요?
• 결과에 대해 어떻게 생각합니까?	• 결과가 만족스럽지요?
• 어떤 안이 좋을까요?	• B 안이 안전하지 않을까요?
• 원인이 무엇인가요?	• C가 원인이 아닐까요?

좋은 질문이라고 해서 언제나 열린 질문과 중립 질문만 하는 것이 능사는 아닙니다. 실제 상황에서는 문제해결이 제대로 앞으로 나아가지 못하거나 학습의 효과가 나지 않는 경우도 많습니다. 좋은 질문이 언제나 돌파구를 연다고 확신할 수 없습니다. 닫힌 질문이나 유도성 질문, 필요하면 조언이나 의견으로라도 답답한 상황을 타개해야 할 경우가 생깁니다. 무슨 일이든 어떤 상황에서든 꼭 맞는 보편적 방식은 없습니다. 그래서 러닝코치의 경험과 통찰이 중요합니다. 상황에 적절한 코칭을 할 수 있는 역량이 러닝코치의 진정한 자질입니다.

OQ(Only Question) 대화 게임

① 두 사람씩 짝을 이루어 무릎을 대고 마주 앉는다.

② 러닝코치가 게임의 룰을 설명한다.

　- 오직 질문으로만 대화를 이어간다.

　- 대답을 하거나 의견을 말하면 패한다.

　- 3초 이내에 질문을 못하면 패한다.

③ 파트너끼리 상의하여 벌칙을 정하거나 약간의 판돈을 건다.

④ 제한 시간을 10분으로 정한다.

⑤ 10분이 경과하여 게임이 끝나면 무엇을 느끼고 배웠는지 돌아가며 얘기한다.

질문 연습

① 러닝코치가 5~10개 정도의 액션러닝에서 흔히 일어나는 상황을 한 개씩 차례로 제시한다.
  -예시 ⓐ 문제선정 과정에서 A가 제시한 후보 문제의 내용이 무엇을 의미하는지 불분명하다.
      ⓑ 토의 과정에서 B가 자신의 의견을 계속 주장한다.
      ⓒ C가 내 의견에 까닭없이 반대한다.
      ⓓ 팀원들의 열정이 전보다 많이 떨어진 것 같다.
      ⓔ 제시된 목표가 너무 높다고 생각된다.

② 하나의 상황에 대해 작성할 시간을 1분으로 제한한다.

③ 참가자들은 첫 번째 상황에 대해 각자 포스트잇에 적절한 질문을 적는다.

④ 돌아가며 각자 작성한 질문을 발표한다.

⑤ 코치가 생각하는 적절한 질문을 얘기한다.

⑥ 반복한다.

⑦ 마지막 상황이 끝나면 소감을 나눈다.

⑧ 대화와 토론

　　대화(dialogue)와 토론(discussion)은 팀학습과 문제해결 활동의 중요한 의사소통 수단입니다. 학습팀 구성원들은 대화와 토론이라는 말하기를 통해 상호작용하고 학습합니다. 유능한 팀은 상황에 따라 이 둘을 적절히 구별하여 사용할 줄 압니다. 대화와 토론은 목적이 다르고 따라서 말하기의 방식도 다르기 때문입니다. 그렇다고 회의를 할 때 이건 대화를 하고 이건 토론을 하자는 식으로 딱부러지게 구별하는 것이 쉽지는 않습니다.

　대화의 극단적인 예는 '수다'입니다. 참가자들 사이에 끊임없이 이야기와 생각이 오갑니다. 참가자들은 대화의 주제에 대한 전문가일 수도, 아닐 수도 있습니다. 제 나름의 견해는 있으나 굳이 자신의 견해가 옳고 다른 사람의 견해가 틀리다는 주장을 할 의지가 없습니다. 토론의 전형적 예는 방송에서 흔히 보는 '시사토론'입니다. 참가자들은 언제나 그 주제 분야에 관한 한 최고의 전문가나 관계자들입니다. 서로 자기 주장만 하고 상대방의 주장을 공격합니다. 자기의 의견이 옳고 다른 사람의 의견이 틀렸다는 것을 입증하기 위해 다양한 논거가 동원됩니다. 우리들의 말하기는 이 양자의 사이 어느 곳에 위치합니다. 대부분의 일반적인 업무상 회의는 주로 토론의 형식으로 진행되지만, 액션러닝에서의 회의는 필요한 사정이 없는 한 주로 대화의 방식으로 진행됩니다.

　토론에서는 기본적으로 참가자들 사이에 의견의 충돌이 있습니다. 공동의 이해가 걸린 문제나 주제에 대해 각자 자신의 의견이 받아들여지길 원합니다. 경우에 따라서는 자신의 입장을 강화하기 위해 다른 사람의 견해 일부를 받아들이기도 하지만, 기본적으로는 자신의 의견이 이기는 것을 목적으로 합니다. 따라서 토론에서의 말하기의 방식은 주로 주장과 설득입니다. 다른 사람의 주장에 대한 공격도 서슴지 않습니다. 자기의 논리에 대한 적절한 방어도 필수적입니다. 다른 사람의 말을 듣는 것은 주장·설득·공격·방어를 위해 필요한 범위 내에서만 이루어집니다.

토론의 장점은 주장·설득·공격·방어의 과정에서 풀어야 할 문제나 결정해야 할 의제에 대한 다양한 관점이 드러나고, 필요한 정보가 제공되며, 유용한 분석이 이루어진다는 것입니다. 따라서 팀이 문제나 주제에 대한 모종의 합의를 하거나 의사결정을 해야 한다면 토론이 필요합니다. 토론에서의 내용들을 토대로 대안들이 평가되며 해결안이 선택됩니다.

토론의 단점은 기본적으로 승자와 패자로 갈린다는 사실입니다. 각자 자신의 견해가 옳다고 믿기 때문에 패자가 승자의 견해를 용인하기란 결코 쉽지 않습니다. 단지 패배한 사실 자체만 인정할 뿐입니다. 패자의 가슴에는 깊은 앙금이 남는 것이 보통입니다. 패자가 진정으로 승복할 수 있을 만큼 승자의 주장이 반드시 옳거나 더 우수한 견해라는 명백한 증거를 찾기는 현실적으로 매우 어렵기 때문입니다.

토론의 대척점에 있는 대화에서는 기본적으로 참가자들 사이에 자유로운 의미와 공감의 흐름이 있습니다. 대화의 목적은 서로의 생각이 같음과 다름을 밝혀, 어느 한 사람의 이해 수준을 넘어서기 위한 것입니다. 대화에서는 의견의 일치나 어느 의견의 선택을 추구하지 않습니다. 그보다는 대화 속에서 공동의 이해가 걸린 문제나 주제에 대한 자신의 생각을 관찰하고, 이해를 증진시키며, 통찰을 얻는 것을 목적으로 합니다. 따라서 대화에서의 말하기 방식은 주로 경청과 질문입니다. 진정한 이해를 위해 서로의 의견을 귀담아 듣고, 자유롭고 창조적인 탐구를 위해 질문합니다. 자신의 생각을 밝히지만 주장하거나 설득하지 않습니다. 다른 사람의 견해를 공격하지 않으며 자신의 견해를 방어하지 않습니다. 서로 다른 의견들이 공존하거나 섞여서 새로운 관점이 생겨나도록 합니다.

대화의 장점은 참가자들의 모든 의견이 존중되고, 승자와 패자를 가를 필요가 없으며, 상호 이해를 증진하고, 팀학습을 할 수 있다는 것입니다. 평소에 다루기 까다로운 문제나 민감한 이슈도 토의될 수 있습니다. 자신의 생각을 말하는 데 두려움이나 주저함이 없으며 다른 사람의 견해를 수용해도 지는 것이 아닙니다. 또 대화 과정에서 일어나는 성찰을 통해 자신의 사고(mental model)와 대상의 실제 모습과의 불일치를 깨달을 수 있습니다. 서로에 대한 이해가 증진되면 신뢰가 생기고 팀의 능력은 극대화될 수 있습니다.

대화의 단점은 현재의 우리의 의사소통이나 회의 습관으로는 자연스러운 대화 분위기를 조성하기가 매우 어렵다는 것입니다. 우리는 대화의 습관을 거의 잊어버렸습니다. 새롭게 대화의 습관을 형성하기까지는 의도적인 훈련이나 제도적인 장치가 필요합니다. 대화에 관한 이론과 방법을 개발한 물리학자 데이비드 봄은 대화를 위한 세 가지 필수적 조건을 얘기했습니다. 액션러닝에서의 팀활동이 이 세 가지 조건을

〈대화의 조건〉

- 모든 참가자들은 자신의 가정을 보류해야 한다.
- 모든 참가자들은 서로를 동료로 생각해야 한다.
- 팀 퍼실리테이터(facilitator)가 있어야 한다.

갖추고 있다는 사실은 결코 우연이 아닙니다.

먼저, 참가자들은 자신의 모든 생각이나 견해가 틀릴 수 있다는 가능성을 인정해야 합니다. 우리의 견해들은 진정한 사실에 기초하는 것이 아니라 가정들에 근거하고 있을 가능성이 있다는 것입니다. 우리는 "우리는 항상 사물의 진짜 모습을 보고 있다."라며 스스로를 기만합니다. 이것은 자신의 의견을 가지지 말라거나 주관적 태도는 나쁘다거나 하는 것을 의미하지 않습니다. 자신의 견해를 항상 다른 사람의 질문과 관찰에 노출시켜 검증받을 수 있도록 해야 한다는 것입니다.

다음으로, 서로를 동료로 생각하지 않으면 진정한 대화는 무리입니다. 회사에서 직위가 다른 사람들 사이의 허심탄회한 토의가 현실적으로 가능합니까? 친구 사이의 대화와 비교해보면 금방 알 수 있습니다. 동료로 생각한다고 해서 똑같은 관점을 가져야 한다거나 다른 사람의 관점에 동의해야 할 필요는 없습니다. 오히려 관점이 다르기 때문에 동료로 생각해야 한다는 것입니다.

마지막으로, 퍼실리테이터의 존재는 어쩌면 필요악입니다. 팀활동에서 대화가 자연스럽게 이루어진다면 그것이 이상적입니다. 그러나 대화의 습관이 형성되기 전까지는 전문가인 퍼실리테이터의 도움이 없으면 기왕에 시작한 대화도 시간이 가면서 토론으로 기울어지는 것이 보통입니다. 퍼실리테이터는 "우리는 지금까지 대화를 잘 하고 있습니까?", "그 견해가 사실이라는 것을 우리가 어떻게 알 수 있을까요?"와 같은 질문을 통해서 대화의 분위기를 유지하고 촉진합니다.

"시야가 넓다.", "상대의 입장에서도 봐야 한다."라는 말은 관점의 다양성에 관한 말이다. 인지적 복잡성(cognitive complexity)은 관점의 다양성을 이론적으로 설명하는 개념이다. 사물과 현상을 인식할 때 한두 가지 면만 보는 것이 아니라 여러 다양한 측면을 동시에 보는 사람을 인지적으로 복잡한 사람이라 표현할 수 있다. 한일 간의 축구시합을 시청하는 경우를 예로 들어보자. 축구에 대해 평소에 별 관심과 지식이 없는 사람은 우리나라가 이기느냐 지느냐에 관심이 쏠려 있다. 아니면 고작해야 알고 있는 유일한 선수인 박지성이 얼마나 잘 하는지다. 이런 사람은 축구에 관한 한 인지적으로 단순하다. 반면 평소에 축구에 관해 매우 관심이 높고 지식이 많은 축구팬은, 한일 간 축구시합의 역대 전적부터 선수 개인의 장단점, 감독의 전략, 양 국민의 정서, 시합 결과의 파급효과 등 다양한 면을 옆 사람과 얘기하면서 시청한다. 이런 사람은 축구에 관해서 인지적으로 복잡한 사람이다.

인지적으로 복잡한 사람은 사물과 현상의 이동(異同)을 잘 구별하고, 개념적 분석에 능하며, 복잡한 인과관계와 상관관계를 잘 파악하는 경향이 있다. 대체로 사고와 행동이 유연하며 문제를 창의적으로 해결하는 능력이 뛰어나다. 반면 인지적으로 단순한 사람은 사물을 흑백의 이분법으로 보며 복잡한 사회 현상의 다양한 측면을 이해하는 능력이 떨어지는 경향이 있다. 따라서 대체로 사고가 유연하지 못하여 편견과 고정관념에서 쉽게 벗어나지 못한다. 우리가 흔히 "단세포다.", "개념이 없다."라는 말을 쓰는 것은 이런 인지적 단순성을 표현하는 것이다.

인지적 복잡성은 리더십의 중요한 지표 중의 하나다. 액션러닝에서 관점의 다양성이나 다른 사람의 관점을 이해하고 배우는 것을 중시하는 것은 인지적 복잡성이 높아지면 리더십과 문제해결 능력이 향상되기 때문이다. 단순한 사고로는 일순 결단력이 높을 수는 있으나 복잡한 환경이 빠르게 변화하는 상황에 대처하기가 쉽지 않다.

인간의 모든 면이 그렇듯 인지적 복잡성도 어느 정도 타고나는 것이 사실이다. 그러나 학습을 통해 개발할 수 있는 것도 사실이다. 몇 가지 방법을 예시한다. 우선 경험을 다양화해야 한다. 오늘이 어제와 같고 내일도 같다면 우리는 단순한 삶을 사는 것이다. 매일 다니는 길이 아니라 다른 길도 가끔은 걸어보는 식으로 일상에서 의도적으로 벗어나 새로운 환경에 자신을 노출시킬 필요가 있다. 다음은 많은 사람들과 교류하고 대화하는 것이다. 다른 사람들은 어떻게 생각하고 어떤 식으로 살고 있는지 알아야 내 삶을 성찰할 수 있다. 마지막으로 가능한 한 많은 독서를 권하고 싶다. 신문을 꾸준히 읽으면(칼럼을 빠뜨리지 말 것) 세상을 변화시키는 거의 모든 변수를 이해하게 된다.

④ 문제해결 프로세스

❶ 문제해결이란?

문제해결은 의사결정과 해결안의 실행 및 실행 후의 피드백을 포함하는 넓은 개념입니다. 우리의 삶은 문제의 발생과 해결의 연속입니다. 오늘 점심은 무얼 먹을까 하는 일상의 작은 문제부터 M&A나 신사업 진출 같은 중대한 전략적 문제까지, 우리는 살아 있는 동안 헤아릴 수 없이 다양한 문제들과 만나고 해법을 궁리하고 해결안을 실행합니다. 하나의 문제를 해결하면 다음 문제가 기다리고, 또 해결안 자체가 새로운 문제를 불러일으키고, 동시에 여러 문제를 다루기도 합니다. 이들 문제의 대부분은 무의식적으로 또는 별 신경 안 쓰고도 간단히 해결되지만, 삶과 일에 중대한 영향을 미치는 문제들을 해결하는 데는 논리적 분석과 통찰 등 의식적인 노력이 요구됩니다.

우리가 일반적으로 문제라고 하는 것은 '문제의 해결 결과가 우리의 삶과 일에 상당한 영향을 미치는 문제'를 이릅니다. 그냥 적당히 판단하거나 내키는 대로 해서는 안 되는 것들입니다. 그럼에도 불구하고 우리는 문제를 해결하는 데 필요한 만큼의 노력을 덜 기울이거나, 문제를 해결하는·올바른 방법을 몰라서, 단지 신경을 쓰기 싫어서, 전부터 이렇게 해왔다는 이유로, 잘못된 판단을 내리기 십상입니다. 주식이나 집을 매매하거나, 자녀가 진학할 학교나 학과를 결정하거나, 자영업을 창업할 때, 우리는 과연 적합한 과정을 거쳐 합리적인 결정을 하고 있습니까? 크고 작은 회사의 업무를 처리하면서 주관적 직관에 의해 결정하고 실행하여 목표한 성과를 내지 못하거나 낭패를 본 적은 없습니까? 올바른 문제해결은 우리의 삶과 일의 수준을 결정합니다. 우리의 삶과 일이 늘 완벽할 수는 없지만 현재보다 나아질 수는 있습니다.

결국은 문제해결 능력입니다. 불행히도 우리는 성장과정과 학업과정에서 문제해결 능력을 키워주는 학습의 경험이 충분하지 않습니다. 소위 말하는 지식은 많이 쌓았지만, 그것들이 문제해결 능력으로 연결되지 않아 진정한 의미의 지식이 되지 못하고 있습니다. 최근에야 문제해결 능력의 중요성을 깨닫게 되어 학업과정에 일부 반영하고 있습니다. 참으로 다행이고 이제 시작은 하게 된 것입니다.

사람이 능력이 있다는 말은 대체적으로 '문제해결 능력이 있다'라는 말입니다. 머리가 좋다거나, 많이 알고 있다거나, 좋은 대학을 나왔다거나, 지위가 높다고 해서 문제해결 능력이 뛰어나다는 보장은 없습니다. 문제해결 능력은 총체적 능력입니다. 논리적 · 창조적 · 전략적으로 사고하고 결단력 · 직관력 · 통찰력 · 실행력을 지녀야 합니다. 한편 문제해결 능력은 구체적 능력입니다. 살아가면서 만나게 되는 수없이 많은 문제들은 모두 다른 얼굴들을 하고 있습니다. 물론 유사한 문제들도 있고 처음 겪는 문제들도 있습니다. 어느 것이든 상황이 다르면, 즉

시간과 공간, 조직이 다르면 다른 접근 방법을 써야 할 것입니다. '구체적 문제를 실효적으로 해결하는 능력'이 곧 문제해결 능력입니다.

　　문제해결에 있어 해결안의 실행력과 관련하여 언급해둘 것이 있습니다. 논리적으로, 경제적으로 우수한 해결안이라고 해서 반드시 좋은 해결안이라고 할 수는 없습니다. 실행해서 최종 결과가 효과적이고 효율적인 해결안이 좋은 해결안입니다. 의사결정 과정에서는 가장 좋은 해결안이라고 판단되었는데, 막상 실행에 들어가면 여러 가지 이유로 실행이 추진력을 얻지 못하거나, 이해관계자와 직접 실행하는 사람들의 조직적 저항이나 태만으로 성과를 내지 못하는 경우가 있습니다. 전자는 그 원인이 너무나 다양해서 구체적 문제와 함께 논의해야 하므로 이 책의 범위를 넘어갑니다. 여기에서는 후자의 경우만 살펴보겠습니다.

　　이것은 '절차적 합리성(철학 용어로는 의사소통의 합리성)'을 확보하지 못했기 때문입니다. 논리적이고 경제적인 최적의 합리적 해결안을 선택했지만 그 과정에서 필요한 의견 수렴이나 이해관계자들의 참여와 동의가 충분하지 않았다는 것입니다. 결정한 내용이 아무리 우수하더라도 절차적으로 흠결이 있다면 그 해결안은 성공하기 어렵습니다. 물론 절차적 합리성을 확보한다고 해결안이 내용상으로 비논리적이고 비경제적이어도 된다는 얘기는 아닙니다. 내용도 조정이 가능하고 절차도 조정이 가능합니다. '이것 아니면 저것' 식으로 둘 중 하나를 선택해야 하는 것은 아닙니다. 따라서 실효적인 해결안이 되려면 '내용의 합리성(철학 용어로는 도구적 합리성)'과 '절차적 합리성'이 함께 담보되어야 합니다. 필요하면 상호 조절되어야 합니다. 옳은 정책이라고 여론의 동향과 국민들과의 소통 없이 밀어붙이기만 하는 정책 당국자들을 보면 내용의 합리성과 절차적 합리성의 중요성과 상호 관계를 전혀 이해하지 못하는 것 같습니다. 국가적으로 중요한 의사를 결정하는 것을 주업으로 하는 사람들인데도 말입니다. 광우병 파동을 상기하면 실감할 수 있을 것입니다.

---

tip 6 이성과 직관

우리가 문제를 해결할 때, 특히 판단을 할 때 이성과 직관 중 어느 쪽을 사용해야 하는가? 어느 쪽을 더 많이 사용하는가? 이성에 따라 판단한다는 것은 문제를 만났을 때 무엇이 옳고 그른지, 무엇이 중요하고 그렇지 않은지를 시간을 두고 찬찬히 따져보는 것을 말한다. 문제를 다룰 때 직관에 의존한다는 것은 감이 오는 대로, 느낌이 가는 대로 단번에 결단한다는 의미이다. 전자는 머리로 하고 후자는 가슴으로 한다.

이성이 절대적 우위를 차지하던 산업사회까지는 무슨 일이든 논리적으로 해야 한다고 했다. 감성이 존중되는 요즘은 직관의 힘을 강조한다. 우리는 일상에서 만나는 수없이 많은 일들을 대부분 직관에 의해 처리한다. 습관적으로 또는 거의 자동적으로 판단하고 행동한다. 보통은 별 문제가 없다. 가끔은 아차 실수로 낭패를 겪기도 한다. 복잡하고 중요한 문제를 해결할 때는 달라진다. 필요한 정보를 수집하여 분석하고, 다른 사람들의 의견을 들으며 심사숙고한다. 이성 시스템이 작동하는 것이다. 그러나 일을 논리적으로 처리한다고 해서 반드시 좋은 결과가 나온다는 보장은 없다.

위와 같이 문제의 성격에 따라 우리의 대응 시스템이 달라진다. 어디까지가 복잡하고 중요한 문제인지는 분명한 경계가 없다. 시간적 여유가 있느냐 없느냐에 따라서도 이성과 직관이 경쟁한다. 의사결정에도 비용이 든다. 사람 개인차도 있다. 사소한 문제도 꼼꼼히 생각하는 사람이 있고 거액의 투자도 시원시원하게 하는 사람이 있다.

이성과 직관 중 어느 쪽이 더 유능한가? 즉 어느 시스템을 써야 하나? 딱히 정답이 없다. 대체로는 문제의 성격, 시간적 한계, 개인차 등에 따르겠지만 꼭 그렇지만도 않다. 경부고속도로 건설에 관한 고 박정희 대통령의 결단을 기억할 것이다. 전문가들에 의한 사업성 검토는 모두 부정적이었고 자금 부족 등 모든 상황이 좋지 않았다. 대통령 주변의 거의 모든 사람들이 반대했다. 그래도 대통령은 결단을 했다. 인구에 회자되는 직관의 결정이었다. 이병철 회장의 반도체 사업 진출에 관한 결정도 비슷한 경우이다. 역사상 위대한 의사결정은 대부분 이런 식이다. 적어도 그렇게 알려져 있다.

일반적으로 조직에서의 의사결정에는 이성적 판단과 직관적 판단이 동시 또는 순차적으로 작용한다. 사안에 따라 둘의 작용 비중이 달라질 뿐이다. 완전히 논리적으로 의사결정을 할 수도 없고(인간 능력의 한계와 상황의 제한 등), 직관만으로 중요한 결정을 할 수도 없다(중요한 문제는 가능한 모든 논리적 방법을 사용한다). 최종 의사결정에 이르기까지는 끊임없이 작은 의사결정들이 쌓여간다. 데이터의 수집과 분석에도 계속 이성적·직관적 판단을 해야 하고, 논리적 결론이 적힌 보고서를 보고도 최종 의사결정자는 다시 직관적 결단을 내려야 하는 경우가 대부분이다.

우리는 문제해결의 전반적 수준을 높이기 위해 자신의 이성과 직관이 상호보완 작용을 충실히 할 수 있도록 노력할 필요가 있다. 이성은 직관이 경솔한 결정을 하지 않도록 끊임없이 감시하고, 직관은 이성이 인간성과 가치 문제를 외면하고 단지 논리적 결정에 매몰되는 일이 없도록 견제해야 한다. 이성과 직관이 자기의 역할을 제대로 하기 위해서는 성찰이 수반된 경험과 학습을 통해 개발되어야 한다. 개인차는 있겠지만 논리적 능력과 직관적 능력도 학습을 통해 향상될 수 있다.

❷ 왜 프로세스인가?

2차 방정식 퀴즈

① 러닝코치가 화이트보드에 퀴즈를 적는다. 정답을 맞히는 사람에게 선물을 준다고 한다.

$$x^2+10=110$$

② x의 값은 얼마인가?

③ 시간을 2분으로 제한한다.

④ 각자 포스트잇에 답을 적어 화이트보드에 붙인다.

⑤ 돌아가며 어떻게 답을 찾았는지 설명한다.

⑥ 풀이 과정을 화이트보드에 적고 왜 틀렸는지, 왜 맞힐 수 있었는지 토의한다.

$$x^2+10=110$$
$$x^2=110-10=100$$
$$x=\pm\sqrt{100}$$
$$x=\pm10$$

⑦ 정답자가 있으면 선물을 주고 다같이 박수치며 축하한다.*

　　우리들 대부분은 문제를 만나면 우선 답부터 생각합니다. 아니, 머릿속에서 자동적으로 답을 찾아나섭니다. 간단한 문제, 과거에 유사한 문제가 많이 발생했던 문제, 어떻게 처리하든 자신의 삶과 일에 중대한 영향을 미치지 않는 문제는 이렇게 해서 답을 찾아도 됩니다. 적합한

---

* 위 방정식은 컨설턴트 유정식, 《문제해결사》(지형, 2011)에서 아이디어를 얻었음.

답을 찾으면 다행이고, 설사 틀린 답을 생각했다 해도 약간의 낭패를 겪는 걸로 끝날 수 있습니다.

그러나 복잡하고 중요한 일일 경우는 사정이 다릅니다. 무작정 생각만 한다고 답이 쉽게 나오지도 않을 뿐더러 오답이라도 나오면 큰 과오를 범할 수도 있습니다. 케네디 정부의 '쿠바만 침공' 같은 정치적 사건부터 실패한 M&A까지, 잘못된 판단 하나로 엄청나게 불행한 결과를 초래한 사건들이 무수히 많습니다.

물론 하늘의 계시를 받은 것처럼 영감 어린 직관으로 성공적 답을 찾아내는 영웅이나 운 좋은 경영자가 있습니다. 실제로, 성공한 경영자들 중에는 오랜 경험과 학습을 통해 얻은 날카로운 통찰로 어려운 문제를 현명하게 해결한 사람들이 많이 있습니다. 사실, 조직의 명운을 건 큰 의사결정은 최종 의사결정자의 고독한 결단에 의한 경우가 대부분입니다.

그러나 많은 시행착오를 거쳐 문제해결에 익숙해진 진정한 고수들은 문제가 생기면 답을 먼저 생각하는 것이 아니라, 어떤 길로 가면 좋은 답을 찾을까를 먼저 궁리합니다. 답에 이르는 경로를 먼저 찾는다는 것입니다. 경로를 따라가다 보면 목적지인 답은 자연히 나오게 되어 있다는 것입니다. 액션러닝에서 다루는 문제는 복잡하고 중요합니다. 문제의 종류도 다양합니다. 아무리 숙달된 러닝코치라도 문제를 척 보고 답을 찾을 수는 없습니다. 하물며 아마추어인 참가자들은 어떻겠습니까?

그래서 문제의 해답에 이르는 길, 프로세스가 필요합니다. 액션러닝의 참가자 중 많은 사람들이 문제해결 프로세스를 경험한 후 자신들이 지금까지 얼마나 무모하고 위험한 방식으로 문제를 다루었는지 깨

닯습니다. 프로세스는 문제마다 다른 것이 당연합니다. 그러나 대부분의 문제가 몇 가지 유형으로 분류될 수 있고, 같은 유형의 문제는 대체로 같은 프로세스를 적용할 수 있습니다. 이런 프로세스들은 전체적으로는 하나의 원형에서 발전되었습니다. 따라서 가장 기본적인 프로세스 하나만 익숙해지면 문제에 맞추어 조금씩 수정해서 적용하는 것은 그리 어렵지 않습니다. 이곳에서는 그 기본적인 문제해결 프로세스를 설명하고 다음 제4장에서 적용하겠습니다. 기본적인 문제해결 과정은 아래의 네 가지 물음에 단계적으로 답을 찾아나가는 과정이라 할 수 있습니다.

〈문제해결 프로세스〉

① 어떤 문제인가? (문제인식)
② 왜 발생했는가? (원인규명)
③ 해결 방법은 무엇인가? (해결안 탐색)
④ 해결안은 어떻게 실행하나? (해결안 실행)

tip 7 문제해결과 치료행위

　문제해결 프로세스와 의사가 환자를 치료하는 과정은 매우 비슷하다. 지극히 당연한 현상이다. 의사는 환자의 문제를 해결하는 전문가이기 때문이다. 따라서 문제해결에서 제대로 순로를 따라가지 않으면 문제가 잘 해결될 수 없는 것은, 의사가 환자를 치료할 때 필요한 과정을 거치지 않고서는 환자의 병을 고치지 못하는 것과 같은 이치이다.

환자가 몸이 아파서 의사를 찾아오면 의사는 먼저 환자의 전반적 건강 상태를 체크하고 어디가 어떻게 아픈지 세밀히 진단한다(문제인식). 다음에는 관련된 검사결과를 토대로 왜 아픈지 병의 원인, 즉 병명과 병의 정도를 찾는다(원인규명). 병인이 밝혀지면 어떻게 치료하는 것이 가장 좋을까를 검토하여 처방을 내린다(해결안 탐색). 마지막으로 의사는 처방에 따라 수술을 하거나, 약을 주거나, 물리치료를 실시하고, 그 결과를 계속 확인하여 필요하면 치료 방법을 수정한다(해결안 실행).

만약 의사가 이러한 과정을 밟지 않고 환자를 척 한번 보고서는 처방을 내린다면 어떻게 되겠는가(답부터 찾는다)? 물론 흔한 질환으로 가벼운 증세라면 그렇게 해도 별 탈이 없을 수 있다. 그러나 중병이라면 아무리 유능한 의사라도 심각한 오진의 위험을 피할 수 없을 것이다. 위의 어느 과정 하나라도 소홀히 한다면 치명적 결과를 초래할 수 있다. 많은 의료사고가 보고되는 것을 보면 각 진료 과정을 충실히 이행하지 않는 사례가 있다는 것을 알 수 있다. 조직의 병도 사람의 병 못지않게 중요할 수 있다. 문제해결 프로세스를 충실히 밟아가는 것이 문제해결의 지름길임을 우리는 명심해야 한다.

3 문제인식

이 단계는 문제라는 현상에 대해 구체적으로 파악하고 명확히 합니다. 문제해결의 도입 부분입니다. 첫 단추를 잘못 꿰면 이후의 모든 일이 틀어집니다. 당연히 충분한 시간을 들여 꼼꼼히 하나씩 정리해야 합니다. 액션러닝에서는 일반적으로 이 단계부터 들어가지만, 실무적으로는 문제의 존재를 인지하는 과정도 문제해결 못지않게 중요합니다. 평소에 아무 문제가 없는 것처럼 운영되는 조직이라도 자세히 관찰하고 진단하면 많은 문제가 발견될 수 있습니다. 문제가 있는데도 존재 자체를 모르면 조직은 암을 앓고 있는 환자와 마찬가지입니다. 문제를 발견하는 기술은 이 책의 범위를 벗어나지만 러닝코치가 평소에 정리해두어야 할 지식입니다.

문제인식은 아래의 질문에 답하는 과정입니다. 하나하나 상세히 살펴보겠습니다.

〈문제인식의 6단계〉

① 문제의 제목(문제명)은?
② 누구의 문제인가?
③ 무엇이 문제인가?
④ 문제의 유형은?
⑤ 최종 산출물(output)의 이미지는?
⑥ 문제의 우선순위는?

문제의 제목은 일반적인 과제명, 프로젝트 명과 같은 의미입니다. 문제명만 보면 무엇을 하려는지 알 수 있도록 구체적으로 명료하게 정해야 합니다. 문제명이 앞으로 학습팀이 할 일의 방향타 역할을 할 수 있어야 한다는 것입니다. 제2장의 문제선정 부분의 사례를 참고하기 바랍니다. 무슨 일이든 마찬가지지만 한번 정해진 문제명이 꼭 끝까지 간다고 할 수는 없습니다. 문제해결의 진행 과정에서 문제가 재정의되면서 문제명이 바뀌는 경우도 드물지 않습니다. 위에서 문제명이 문제인식의 첫 단계로 적혀 있다고 해서 반드시 문제명을 먼저 정할 필요는 없습니다. 나머지 문제인식의 단계를 모두 정리하고 나면 자연히 구체적이고 명료한 문제명이 떠오를 수도 있습니다.

두 번째, 액션러닝에서 '누구의 문제인가?'는 '스폰서가 누구인가?' 하는 의미입니다. 규모가 작은 조직은 대부분 CEO가 스폰서이지만, 규모가 큰 조직에서는 누가 스폰서인지 판단하기가 쉽지 않을 수도 있습니다. 조직에서 "내 일이네", "네 일이네" 하고 다투는 상황은 거의 매일 겪고 있다고 해도 과언이 아니고 결론이 좀처럼 나지 않습니다. 액션러닝에서 '누구의 문제인가?'가 중요한 이유는 스폰서가 누구냐에 따라 접근 방법과 해결안이 달라질 수도 있기 때문입니다. 한편 액션러닝을 진행하는 기간 내내 학습팀과 러닝코치 및 스폰서는 각종 상호작용을 계속해야 합니다. 만약 나중에 스폰서가 자기의 문제가 아니라는 사실을 알게 되면 어떻게 되겠습니까?

선박 부품을 만드는 A사는 올해 들어 매출의 20%가 줄어들었습니다. 이대로 간다면 회사의 경영에 심각한 장애가 예상됩니다. 액션러닝팀이 구성되고 스폰서를 정하기로 했습니다. 매출이 줄었으니 영업활동의 부진에 대한 책임을 물어 영업본부장이 스폰서가 되어야 할까요? 반품이 많았으니 품질에 문제가 있지 않을까 해서 공장장이 스폰서가 되어야 할까요? 애초에 잘 안 팔리는 상품을 기획한 마케팅본부장이 스폰서가 되어야 하는 건 아닐까요? 아니면 확실히 모르니 CEO가 스폰서가 되는 것은 어떻습니까?

누가 스폰서가 되더라도 각기 다른 초점을 가지고 접근해가리라는 예상은 충분히 가능합니다. 영업본부장이 스폰서라면 액션러닝팀은 영업 관점에서 분석해 들어갈 것입니다. 영업의 어느 측면에서 문제의 원인이 발견될 수도 있고, 반대로 영업 쪽에는 매출 부진의 원인이 없다고 결론날 수도 있습니다. 어느 편이든 생산과 마케팅 부문에 대해서 충분한 분석과 검증이 이루어질 가능성은 별로 없습니다. 공장장이나 마케팅본부장이 스폰서가 되더라도 양상은 비슷할 것입니다. 결국 스폰서의 관점에서 문제해결이 진행될 가능성이 가장 크다는 것입니다. 그렇다고 무턱대고 CEO를 스폰서로 하기도 만만치 않습니다. 우선 CEO는 무척 바쁘고 관계를 유지하기도 쉽지 않습니다. 자칫하면 조직의 전 부문에 손을 대야 할지도 모릅니다.

누구의 문제인가를 결정하는 것이 늘 어려운 것은 아닙니다. 대부분의 문제는 쉽게 스폰서를 찾을 수 있습니다. 모호한 경우는 다음의 몇 가지 기준들을 종합적으로 고려하여 정합니다. 학습팀은 문제인식의 단계가 완료되면 문제기술서를 첨부한 문제수행서에 스폰서와 함께 서명합니다. 스폰서의 서명은 스폰서가 자기의 문제임을 수용하고 필요한 참여와 지원을 약속하는 행위입니다.

〈스폰서 결정 기준〉

- 문제를 해결할 책임이 누구에게 있는가?
- 문제와의 이해관계는 누가 가장 큰가?
- 해결안의 의사결정권은 누가 가지고 있는가?
- 해결안의 실행권한은 누가 가지고 있는가?

세 번째는 '무엇이 문제인가?'입니다. 다른 말로 하면 '해결해야 할 것이 무엇인가?'입니다. 문제해결에서 일반적으로 문제는 목표와 현상과의 차이(gap)로 정의됩니다. 목표는 바람직한 수준, 원하는 상태, 도달해야 하는 기대치를 말합니다. 이 책에서는 '기대 상황'으로 통일하겠습니다. 현상은 개선할 필요가 있는 상황, 우리가 처해 있는 상태, 우리가 일반적으로 문제라고 부르는 현상입니다. 지금부터 '현재 상황'으로 부르겠습니다. 정리하면 문제는 아래와 같습니다.

〈기대 상황 – 현재 상황〉

기 대		현 재
• 계획 • 바람직한 수준 • 원하는 상태 • 도달해야 하는 기대치	← 차 이 →	• 결과 • 개선할 필요가 있는 상황 • 처해 있는 상태 • 달성 예상 수치

문 제

어떤 회사의 2/4분기 매출이 목표 대비 20% 미달입니다. 전 분기는 목표를 100% 달성했습니다. 당장은 원인을 알 수 없습니다. 이 회사의 문제는 아래와 같이 정리될 수 있습니다.

2/4분기 매출 목표 100% – 2/4분기 매출 실적 80%

이 회사는 차이 20%를 해결해야 합니다. 이대로 가면 3/4분기도 목표에 미달될지 모릅니다. 해결 방향은 목표를 낮추거나, 실적을 끌어올리거나, 목표를 조금 낮추고 실적을 그만큼 올리거나, 어쨌든 목표와 실적을 일치시켜야 이 문제는 해결됩니다. 이 문제는 심각하므로 그냥 둘 수는 없습니다. 실제의 해결 결과가 어떻게 될 것인지는 현재로서는 알 수 없습니다. 이 경우는 문제의 정의가 단순하고 명료합니다. 문제의 정의가 중요한 이유는 문제의 정의를 어떻게 하느냐에 따라 접근 방법과 해결안이 달라질 수 있고, 문제의 정의가 늘 단순하거나 명료하지는 않기 때문입니다.

또 다른 어떤 회사는 우수 인재가 부족하다는 문제로 고민하고 있습니다. 그래서 어떻게 하면 우수 인재를 확보할 수 있을까 하는 관점에서 아래와 같이 문제를 정의합니다.

> 충분한 숫자의 우수 인재가 채용되는 상황
> –
> 채용되는 우수 인재의 숫자가 부족한 상황

이 문제의 정의에 따라 문제해결 프로세스를 진행한다면 채용 방법에 초점을 두고 원인을 찾고 해결안을 모색할 가능성이 매우 높습니다. 이렇게 해서도 문제가 어느 정도 해결될 수는 있겠지만 임시방편일 뿐 근본적인 대책이 되기는 어렵습니다. 이러한 문제의 정의는 내부적으로 우수 인재가 근무할 만한 충분한 조건을 갖추고 있다는 전제 위에 내려져야 합니다. 이번엔 관점을 내부로 돌려 이 회사가 우수 인재가 근무할 만한 환경을 갖추고 있느냐에 초점을 맞추어 아래와 같이 문제를 재정의합니다.

> 우수한 인재가 근무할 만한 환경을 갖춘 상황
> −
> 우수한 인재가 근무할 만한 환경을 갖추지 못한 상황

이번엔 조직문화, 인사제도, 급여·복지 수준 등에 초점을 두고 원인을 찾고 해결안을 탐색할 것입니다. 이렇듯 문제를 어떻게 정의하느냐는 심각한 차이를 초래합니다. 문제의 정의 자체가 원인과 해결안의 방향과 범위를 어느 정도 시사한다고 할 수 있습니다. 적확한 문제의 정의는 좋은 해결안으로 가는 지름길이라 할 수 있겠습니다.

다음은 문제의 유형입니다. 문제의 유형이 무엇이냐에 따라 해결 프로세스와 해결안의 형태가 달라질 수 있습니다. 문제의 유형은 문제의 성격과 상황에 따라 다양한 기준으로 분류가 가능합니다만, 액션러닝에서 문제를 다룰 때 고려해야 할 꼭 필요한 유형은 아래의 두 가지입니다.

> 문제의 유형: 개선형 vs. 기획형

조직에서 통상 문제라고 인지하는 것은 크게 개선형과 기획형으로 나뉘지만 이 두 유형의 어느 쪽으로 분류할지가 모호한 문제도 있습니다. 개선형과 기획형의 성격을 모두 포함하고 있다든가, 관점에 따라 개선형인지 기획형인지 판단이 달라질 수 있는 것들입니다. '시장점

유율 향상'이 그 예가 될 것입니다. 한동안 유지해온 현재의 시장점유율이 무언가 원인이 있어 낮다고 생각한다면 개선형으로 분류될 것이고, 공격적 경쟁전략을 채택하고 경쟁사와 승부를 겨루고자 한다면 기획형이 될 것입니다. 위 문제의 원인을 규명할 때는 개선형의 프로세스로, 해결안을 찾을 때는 개선형+기획형 프로세스로 할 수도 있습니다. 상황과 문제의 정의에 따라 적절한 유형으로 분류함으로써 올바른 문제해결 프로세스와 도구를 사용할 수 있는 통찰이 요구된다 하겠습니다.

　　개선형은 가장 기본적인 문제 유형이며 문제의 대부분을 차지하고 있습니다. 개선형 문제는 현재의 상황이 불만족스러울 때 문제가 인지됩니다. 실적이 목표에 미달하거나 직원들의 이직이 갑자기 많아졌다거나 하는 경우입니다. 바람직한 상황과 차이가 있습니다. 무언가 좋지 않은 원인이 있어 차이가 생겼거나 조만간 차이가 생기리라 예상됩니다. 지금 해결하지 않으면 상황이 더욱 악화되거나 예상되는 나쁜 상황을 예방할 수 없습니다. 개선형 문제에는 원칙적으로 원인이 있습니다. 따라서 이 원인을 찾아서 제거하거나 약화시킴으로써 문제를 해결하고 상황을 개선합니다. 개선형에서 사용하는 프로세스는 문제해결의 원형이라 할 수 있고 거의 모든 문제에 응용될 수 있습니다. 이 책에서 사용하는 프로세스도 개선형 프로세스입니다.

　　기획형 문제는 현재의 상황이 불만족스럽지는 않지만 목표나 기대 수준을 더 높여 상황을 향상시키고 싶거나 새로운 일을 착수할 때 문제를 인지합니다. 신제품 개발, 신시장 개척, 새로운 제도의 도입 등의 경우입니다. 의도적으로 문제를 만들어낸 것입니다. 실무적으로 우리는 이런 것들을 문제라고 부르지는 않습니다. 프로젝트라고 불리는 것들은 대부분 이런 문제들입니다. 기획형 문제를 해결하는 데는 개선형 프로세스를 수정하여 사용하거나 그 문제에 적합한 도구 또는 모델을 적용합니다. 우리가 익히 알고 있는 SWOT, BCG 매트릭스, 4P, STP 등의 전략분석 모델과 Quinn 모델, 7S 모델 등의 조직진단 도구 등이 그것들입니다. 해당 문제에 적확한 프로세스나 분석도구를 개발하여 사용할 수도 있습니다.

최종 산출물이란 문제해결 과정이 모두 끝났을 때, 즉 학습팀의 활동이 종료될 때 학습팀이 스폰서에게 내놓을 유형의 결과를 말합니다. 대부분은 결과를 담은 보고서이겠지만 신제품을 개발하는 것이 문제라면 설계도면과 시제품이 최종 산출물입니다. 이것을 예상하여 미리 개략적인 이미지를 밝혀두는 것이 '최종 산출물의 이미지'입니다. '고객서비스 향상'을 예로 들면 '해결안을 시행하기 전과 후를 비교한 보고서'가, '아프리카 시장진출'이 문제라면 '아프리카 시장진출 계획안'이 최종 산출물의 이미지가 될 것입니다.

문제인식 단계에서의 '최종 산출물'은 개략적 이미지 또는 보고서의 제목 정도로 충분합니다. 단, 학습팀이 하고자 하는 일이 무엇이고 최종적으로 무엇을 볼 수 있겠다는 예측이 가능해야 합니다. 최종적인 산출물은 문제해결의 과정에서 다수의 중간 산출물들이 누적되어 만들어집니다. 문제기술서, 현장활동 보고서, 잠정원인, 가설검증 결과, 해결안 등이 모두 중간 산출물들입니다. 액션러닝에서는 가능하면 어떤 활동을 하기 전에 구체적 산출물을 미리 밝혀 실제 활동의 효율을 높이고자 합니다.

마지막으로 '문제의 우선순위는 어떻게 정하는가?'입니다. 액션러닝에서 스폰서가 문제를 지정하는 경우는 우선순위를 정할 필요가 당연히 없겠지만, 학습팀이 스스로 문제를 선정할 때는 우선순위를 결정하는 과정이 있게 됩니다. 경험에 의하면 이 과정에서 구성원 간에 최초의 의견 충돌이 있게 되고 갈등을 겪게 됩니다. 한편 다수의 제안이 나왔을 때 어떻게 의견을 조율하고, 합리적으로 우선순위를 정하거나 최선의 안을 선택하는지에 대해서 학습하게 됩니다.

조직에는 늘 다수의 문제가 상존합니다. 그러나 모든 문제를 일시에 다룰 수는 없습니다. 시간, 인력, 자금 등 자원의 제약이 있기 때문입니다. 따라서 자원이 허용하는 대로 순차적으로 문제를 해결하기 위해 지금 할 것과 나중에 할 것을 구별합니다. 인지된 문제들에 대해 해결 순서를 정하는 것입니다. 액션러닝에서는 기본적으로 구성원 수만큼 문제가 제안됩니다. 구성원 모두에게 조직을 위한 아이디어를 낼 수 있는 기회를 제공하고 의무를 부여하는 것입니다.

우선순위를 결정하는 데는 문제의 성격과 상황에 따라 다양한 의사결정 방법과 분석 도구를 사용할 수 있습니다. 가장 단순한 방법은 구성원들이 임의로 토의하여 합의하는 것입니다. 이 방법은 토의와 합의를 하는 데 시간이 많이 걸리거나 구성원 중 특정인의 의사에 좌우될 우려가 있습니다. 합리적으로 우선순위가 결정될 가능성도 낮습니다. 그래서 액션러닝에서는 제안된 문제에 대한 분석, 질의·토의, 멀티보팅 등 다양한 의사결정 방법을 복합적으로 사용하여 내용의 합리성과 절차적 합리성을 확보합니다. 구체적인 방법은 문제선정 과정에서 다루겠습니다.

러닝코치는 문제인식에 대한 오리엔테이션이 끝나면 학습팀원들에게 제2장에서 논의된 문제선정 기준과 실제문제 사례를 상기시키고, 제3차 오리엔테이션 세션의 문제선정 과정에서 앞으로 다루게 될 실제문제를 선정할 것이라고 안내합니다. 다음 미팅까지 한 주 동안 학습 팀원들은 각자 조직의 중요하고 긴급한 문제를 하나씩 발굴하여 개략적인 문제기술서를 작성하게 됩니다. 문제기술서에 포함될 기본적인 내용은 아래와 같습니다. 문제기술서는 한 쪽 이내로 작성하여 구성원의 수만큼 복사하고 학습사이트에 올립니다.

〈문제기술서에 포함될 내용〉

- 팀 명칭과 제안자 성명
- 문제의 제목(문제명)
- 문제의 정의
- 최종 산출물(output)의 이미지

- 제안의 배경 또는 이유
- 문제의 스폰서
- 문제의 유형
- 기타 언급하고 싶은 사항

④ 원인규명

문제인식 단계에서 문제라는 현상을 이해하고 정리한 다음에는 그 원인이 무엇인가를 알아야 합니다. '왜 그 문제가 일어났는가?'에 대한 답을 찾아야 하는 것입니다. 원인을 알아야 처방을 내릴 수 있습니다. 우리는 살아가면서 만나게 되는 대부분의 문제들에 대해 경험과 직관으로 원인을 파악하고 해답을 찾을 수 있습니다. 종종 틀리기는 하지만 별

다른 사고가 발생하지는 않습니다. 그런 문제들은 수없이 겪었고, 반복되며, 어느 정도 정형화되어 있기 때문입니다. 간혹 조금 새로운 문제가 생기더라도 잠시만 생각하면 원인과 답이 떠오릅니다. 모든 문제에 대해 곰곰이 원인을 따져야 하고 해답을 찾는 데 신경을 써야 한다면 과연 우리의 삶이 어떻게 될까요?

그러나 정말 중요한 문제를 만나면 원인을 철저히 규명해야 합니다. 그래야 원인을 제거하거나 약화시킬 수 있는 해답을 찾을 수 있습니다. 답을 찾기 전에 먼저 원인을 찾아야 합니다. 조직에서 문제라고 하는 것은 대부분 이런 문제이고 원인이 쉽게 발견되지 않습니다. 눈에 보이는 원인은 거의가 단순한 현상이거나 그 뒤에 진짜 원인이 숨어 있을 가능성이 높습니다. 눈에 보이는 원인을 근거로 해답을 찾는다면 임시방편은 될지 모르지만 근본적인 대책은 될 수 없을 것입니다.

감기를 예로 들어보겠습니다. 머리가 지끈거리고 열이 나서 감기라고 진단을 받고 약을 먹고 나았습니다. 우선은 문제가 해결되었습니다. 그러나 이런 감기가 전에도 자주 걸렸다면 무언가 더 큰 원인이 있을 가능성이 높습니다. 폐가 좋지 않다거나, 면역력이 정상인보다 약하다거나, 실내 온도가 낮다거나하는 진짜 원인이 있다면 감기 문제는 근본적으로 해결되었다고 할 수 없습니다. 근본원인을 찾아 치료를 하든지 그냥 당장의 증상만 치료하든지는 어느 정도 선택이겠지만 여러분이라면 어떻게 하겠습니까?

조직의 문제를 하나 더 예로 들겠습니다. 어느 회사의 매출이 서서히 떨어지고 있습니다. CEO에게 질책을 들은 영업본부장은 영업사원들이 요즘 열심히 하지 않는다고 판단합니다(이런 판단도 제 나름 근거가 있을 것입니다). 매일 실적을 확인하고 부진한 부서에 대해 대책보고를 요구하는 등 영업활동을 세게 독려합니다. 이렇게 하면 대개는 단기적으로 실적이 어느 정도 회복됩니다(일반적으로 경험 있는 영업사원들은 단기적으로 매출을 올리는 요령을 알고 있습니다). 영업본부장의 판단이 맞다면 이것이 옳은 해법일 수 있습니다. 그러나 눈에 보이지 않는 다른 원인이 있다면 영업본부장은 큰 실책을 하는 것입니다. 경쟁 회사가 특별한 전략을 쓰고 있다거나, 소비자들의 기호가 서서히 바뀌고 있다거나, 자사 제품의 품질이 나빠지거나 납기가 늦어진다거나 하는 진짜 원인이 숨어 있을 수 있습니다. 여러분은 혹시 예의 영업본부장처럼 일하고 있지는 않습니까?

위와 같은 일은 주로 눈에 보이는 증상만으로 원인을 판단하기 때문에 일어납니다. 표면상의 원인의 뒤에 숨어 있는 근본원인은 눈에 잘 보이지 않는 것이 보통입니다. 여기에 살아오면서 쌓인 편견과 고정관념이 판단을 흐리게 합니다. 자기가 알고 있고, 경험했고, 사용했던 방법들은 항상 옳다고 생각합니다. 과거의 성공 방법이 현재나 앞으로는 통하지 않을 수 있다는 것을 깨닫지 못합니다. 과거의 방법은 과거의 상황에서 성공할 수 있었던 것이고, 현재나 앞으로는 어떻게 될지 아무도 모릅니다. 따라서 조직에 상당한 영향을 줄 수 있는 중대한 문제에 직면해서는 자신의 생각이 언제나 틀릴 수 있다는 열린 마음으로 다양한 관점에서 원인을 분석해야 합니다.

원인을 찾을 때는 이것이 진짜 원인이라는 어느 정도의 확신이 설 때까지 계속해서 원인의 원인을 파고 들어야 합니다. 근본원인을 찾아야 한다는 것입니다. 근본원인은 문제와 인과관계가 성립되어야 합니다. 즉 이 근본원인이 있었기 때문에 이 문제가 발생했고, 이 근본원인이 없었더라면 이 문제는 발생하지 않았다는 것입니다. 위의 매출하락의 예에서, 영업본부장의 판단대로 영업사원들이 직무에 전념하지 않아서 매출이 떨어진 것이 사실이더라도 왜 영업사원들이 직무에 태만한지 해결 방법의 실마리를 찾을 때까지 근본원인을 파고들어야 합니다.

대체로 하나의 문제에는 하나 혹은 다수의 근본원인이 존재합니다. 위의 매출하락의 예에서 언급된 모든 원인이 근본원인일 수 있습니다. 근본원인이 다수일 경우 문제의 결정적 원인 하나 혹은 두세 개를 골라 그것만 집중해서 검증하고 해결안을 찾을 필요가 있습니다. 이 몇 개의 원인만 제거해도 문제의 대부분을 해결할 수 있다면 이 방법이 훨씬 효율적일 것입니다. 시간, 인력, 자금 등의 자원에는 한계가 있기 때문입니다. 이렇게 마지막까지 남은 근본원인을 핵심원인이라 합니다. 위의 예에서 자사 제품의 품질저하가 매출하락의 결정적 원인이라면, 즉 품질이 저하되지 않았더라면 매출하락은 별로 없었을 거라고 판단되면 품질저하가 핵심원인입니다. 다른 원인들은 자원이 허락하는 대로 순차적으로 다루면 됩니다.

> 눈에 보이는 원인 → 근본원인 → 핵심원인

tip 8 5 WHY

원인을 찾아 들어갈 때 근본원인에 다다르기 위해서는 적어도 '다섯 번은 계속해서 왜'라고 물으라고 한다. '5 WHY'는 도요타가 생산 현장에서 발생하는 각종 문제를 해결할 때 원인을 규명하기 위해 사용하는 프로세스다. 사실, 원인 → 결과의 인과관계는 끊임없이 연쇄적으로 이어진다.

따라서 몇 번의 '왜' 질문으로 근본원인에 이를 수 있을지는 사안과 상황에 따라 다를 수밖에 없다. 한 번으로 끝날 수도 있고 다섯 번을 넘게 '왜'라고 질문해도 근본원인이 나오지 않을 수도 있다. 그때까지 밝혀진 원인을 제거하면 문제가 해결되거나, 그것을 토대로 해결안을 찾을 수 있으면 그것이 근본원인일 것이다. 경험으로는 대부분의 문제는 세 번 이내로 충분하다.

예를 들어보겠다. '왜 이직률이 높지?', '월급이 적어서 그렇다.' 이 경우는 더 이상 진행하지 않아도 충분하다. 월급과 이직률의 인과관계만 검증하면 되기 때문이다. 사실로 입증되면 월급을 올리든지 그냥 현재의 이직률을 감수하든지 해결안이 나온다. '왜 이직률이 높지?', '일이 너무 힘들다.' → '왜 일이 힘들지?', '퇴근시간이 너무 늦다.' → '왜 퇴근시간이 늦지?', '팀장이 일찍 퇴근하지 않는다.' → '왜 팀장이 일찍 퇴근하지 않지?', '상무가 늦게 퇴근한다.' → '왜 상무가 늦게 퇴근하지?', '사장이 늦게 퇴근한다.' → '사장은 왜 늦게 퇴근하지?', '사장은 늦게까지 일하면 생산성이 오른다고 생각한다.' 이 경우는 사장의 정신 모델(사고방식)에 문제의 근본원인이 있다는 가설을 세울 수 있다. 사장의 정신 모델이 왜 그렇게 되었는지 계속 연쇄적으로 물어 들어갈 수 있지만 이 정도에서 그쳐도 문제의 해결안은 충분히 찾을 수 있다.

아직 원인이 완전히 밝혀진 것이 아닙니다. 핵심원인은 검증될 때까지는 잠정원인입니다. 일단 진짜 원인으로 가정하자는 것입니다. 관련자들이 모여 회의를 하거나, 현재 가지고 있는 정보와 자료를 검토한 결과 일단 이렇게 결론이 났다는 것입니다. 직관적으로도 그렇게 판단된다면 더욱 진짜 원인이라고 강력히 추정하게 됩니다. 그러나 이것만으로 품질저하가 매출하락의 진짜 원인인지는 확신할 수 없습니다.

제품의 품질이 정말 나빠졌는지 시험해야 하고, 나빠졌다면 그로 인해 매출이 하락했는지를 확인해야 합니다. 중요한 사안이므로 판단에 잘못이 있으면 회사의 마케팅 전략에 심각한 장애를 초래합니다. 사실 여부를 확인할 수밖에 없습니다.

가설의 사실 여부를 확인하는 것을 검증이라 합니다. 가설이 옳은지 그른지를 가리는 행위입니다. 가설은 'A의 원인은 B이다.'처럼 단언하는 문장입니다. 위의 예에서는 '매출하락의 원인은 제품의 품질저하이다.' 또는 '품질저하 때문에 매출이 하락됐다.'가 가설입니다. 가설검증은 이 문장이 맞는 문장인지 틀린 문장인지를 시험하는 과정입니다. 이 검증과정을 통과하기 전의 원인은 잠정원인이며, 사실로 밝혀지기 전까지의 인과관계는 가설입니다.

가설검증의 방법은 다양합니다. 사안에 따라 현실적으로 가장 알맞은 방법을 택하면 됩니다. 노력과 비용이 적게 들면서도 관계자들이 납득할 수 있을 정도의 근거를 토대로 가설의 진위를 가릴 수 있으면 그것이 가장 좋은 검증방법입니다. 액션러닝에서 다루는 문제는 대부분 물리학이나 화학 같은 자연과학의 문제가 아니라 사회적이거나 조직적인 문제이기 때문에 실험처럼 엄밀한 검증방법을 사용할 필요는 없습니다. 물론, 품질불량이나 공법개선 같은 문제는 실험 방법을 사용하는 경우가 있습니다.

액션러닝에서 주로 쓰는 가설검증 방법은 자료조사 · 분석, 인터뷰, 설문, 관찰 등입니다. 이 외에도 사안에 적당한 방법이라면 무엇이든 가능합니다. 가설을 검증할 때는 가설의 진위를 가리는 데 가장 단순하고 명쾌한 방법을 사용하여 노력과 비용을 최소화하고, 의사결정자 같은 관계자들이 쉽게 이해하고 납득할 수 있도록 해야 합니다. 과학적이고 객관적이라고 해서 꼭 좋은 검증방법은 아닙니다. 사실 사회 현상에서 완벽하게 객관적이라는 것은 불가능합니다. 현실적으로 택할 수 있는, 누구든 그 정도면 믿을 수 있다고 생각하는 정도의 방법이면 충분합니다. 같은 방법이라도 어떻게 하느냐에 따라 검증 근거의 타당성과 신뢰성이 크게 달라질 수 있습니다. 최대한 근거의 타당성과 신뢰성이 높아질 수 있도록 검증 방법에 숙련될 필요가 있습니다. 여기에서 검증방법을 소상히 설명하는 것은 지면 관계상 무리입니다. 시중에 좋은 책들이 많이 나와 있으므로 참고하시기 바랍니다.

가설이 입증되면, 즉 가설이 사실이라고 밝혀지면 잠정원인은 진짜 원인이 됩니다(가설 중 사실이 아닌 것으로 밝혀진 것, 즉 기각되는 것도 있습니다. 전부 기각되면 새로운 잠정원인을 찾아야 합니다). 문제해결에서 가장 많은 노력과 시간은 이 진짜 원인을 찾는 데 소요됩니다. 현장활동 시간의 대부분도 여기에 투자됩니다. 그만큼 진짜 원인을 찾는 일은 중요합니다. 진짜 원인을 토대로 해결안이 도출되기 때문입니다. 그러나 실무에서는 원인을 단순 추정하거나 대충 정리하고, 해법을 찾는 데 대부분의 노력과 시간을 허비하는 경우가 많습니다. 모래 위에 성을 쌓는 것과 다름 없습니다. 그렇게 해도 좋은 해법을 찾을 수는 있겠지만 어디까지나 요행이고 우연입니다. 물론 뛰어난 경륜과 통찰을 지닌 사람이라면 성공할 가능성이 조금 높을 수는 있습니다. 그러나 바른 길이 있는데 굳이 다른 길로 가겠습니까?

> 핵심원인(잠정원인) → 가설검증 → 진짜 원인

tip 9 인과관계와 상관관계

인과관계와 상관관계는 같은 뜻이 아니다. 인과관계는 'A의 원인은 B 이다.', 'B 때문에 A가 발생했다.'처럼 두 변수 사이의 원인과 결과의 관계를 설명하는 말이다. 원인이 없으면 결과가 생겨나지 않는다. 상관관계는 '날씨가 더워지면 아이스크림의 판매량이 늘어난다.', '가격이 내리면 수요가 증가한다.'처럼 두 변수 사이에 어느 정도 규칙적인 관계가 있다는 사실을 설명하는 말이다. 둘 사이에 관계는 있지만 그것이 반드시 원인과 결과의 관계인지는 확실하지 않다. 인과관계가 있으면 상관관계가 있지만 상관관계가 있다고 해서 반드시 인과관계가 있는 것은 아니다. 위의 예에서 날씨가 더워져도 동시에 가격이 오르든가 하면 아이스크림의 판매량이 늘어나지 않을 수도 있고, 가격이 내려도 소비자의 가처분 소득이 줄면 수요가 증가하지 않을 수도 있다. 또, 아이스크림의 판매량은 소득이 올라서 늘어날 수도 있다.

우리는 일상에서 흔히 상관관계를 인과관계로 오해한다. 그렇게 판단을 해도 큰 문제가 없는 경우가 대부분이다. 그러나 조직의 중요하고 복잡한 문제를 다룰 때는 분명히 구분해야 한다. 일반적으로 급여와 이직률이 상관관계가 있다고 해도 특정 회사의 높은 이직률이 반드시 현재의 급여 수준 때문인지는 확실히 알 수 없다. 조직상의 다른 많은 요인들이 이직률의 원인이 될 수도 있다. 가설을 검증하는 단계에서 인과관계와 상관관계를 구별하지 못하면 가설의 진위가 바뀔 수 있고 결과적으로 엉뚱한 해결책을 낼 수 있다.

⑤ 해결안 탐색

진짜 원인은 대체로 해결안의 방향과 범위를 시사합니다. 원인을 토대로 다양한 해결안을 탐색하거나, 원인을 제거·약화·강화시킬 수 있는 방법을 찾으면 됩니다. '매출하락의 예'를 다시 보겠습니다. 매출하락은 영업사원들이 직무를 태만히 하였기 때문이고, 직무태만은 최근의 구조조정으로 사원들의 사기와 조직충성도가 전반적으로 떨어졌기 때문이라고 가정합니다. 사원들의 낮은 사기와 조직충성도가 매출하락의 근본원인입니다. 이 경우 근본원인을 근거로 문제를 아래와 같이 재정의할 수 있습니다.

> 사기와 조직충성도가 높은 상황
> -
> 사기와 조직충성도가 낮은 상황

이 문제에 대한 해결 방법은 사원들의 사기와 조직충성도를 바람직한 수준까지 끌어올리는 것입니다. 즉, '무엇을, 어떻게 하면 사기와 조직충성도를 강화할 수 있을까?'에 대한 답을 찾는 것입니다. 우선은 많은 아이디어를 발산토록 해야 합니다. 즉, 아이디어의 풀(pool)을 크게 해야 합니다. 처음부터 효율적이고 효과적인, 우수한 아이디어를 찾으려 하면 학습팀원들의 두뇌활동이 위축되어 아이디어 자체가 잘 나오지 않게 됩니다. 좋은 아이디어든 나쁜 아이디어든 아이디어의 풀이 크면 그 안에서 좋은 아이디어를 찾을 수 있을 것입니다. 또 두뇌활동이 자유로워지면 기발하고 창의적인 아이디어가 나올 가능성도 높아집니다.

아이디어를 발산하기 위해서는 브레인스토밍, NGT, 마인드맵 같은 아이디어 창출 기법을 사용합니다. 이 외에도 많은 창의적 아이디어 창출 기법이 있지만 우선은 이것으로 충분합니다. 발산된 아이디어는 토의, 가치분석, 멀티보팅 등의 의사결정 과정을 거쳐 서너 개 이내의 핵심 해결안으로 수렴합니다. 해결안이 10개, 20개이더라도 쓸 만하다면 모두 쓰면 좋겠지만, 역시 자원의 한계가 있고, 일반적으로는 서너 개의 해결안으로도 원하는 결과의 대부분을 얻을 수 있습니다. 위의 예에서 아래와 같이 세 개의 해결안이 선택되었다고 가정합니다.

〈해결안〉

- 워크숍을 실시한다.   • 고용안정을 약속한다.
- 새로운 비전을 수립한다.

위의 해결안들로는 아직 무엇을, 어떻게 해야 하는지 확실히 알 수 없습니다. 좀 더 구체적인 세부안이 필요합니다. '워크숍을 실시한다' 하나만 예로 들면 아래와 같은 세부안을 마련할 수 있습니다.

〈세부안〉

- 전 사원을 대상으로 실시한다.   • 야간 극기훈련을 실시한다.
- 저명인사 특강을 실시한다.

tip 10 마인드맵

　문제해결이나 기획 등 복잡한 업무를 다룰 때 마인드맵(mind map) 기법을 활용하면 다수의 관련된 항목들을 논리적으로 일목요연하게 정리할 수 있고, 다양한 아이디어들을 손쉽게 창출할 수 있다. 요즘은 초등학생들도 이 기법을 배워 사용하는데 창의력 증진과 논리적 사고 배양에 큰 도움이 된다고 한다. 중복·누락되지 않게 가지를 쳐 나간다고 생각하면 누구나 사용할 수 있을 정도로 매우 쉽고 단순하다. 시중에 컴퓨터 프로그램이 나와 있으나 수기로도 충분히 할 수 있다.

〈마인드맵〉

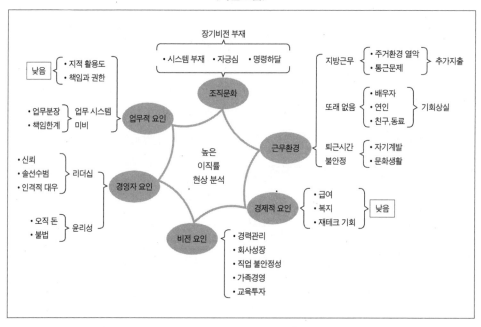

6 해결안 실행

넓은 의미의 실행은 액션러닝의 전체 과정에 걸쳐 일어납니다. 사실, 액션러닝이 가상의 과제가 아니라 실제의 문제를 다룬다는 관점에서는 액션러닝 자체가 실행입니다. 여기에서는 좁은 의미의 실행인 '해결안 실행'을 다룹니다. 해결안이 준비되면 먼저 각 해결안들을 실행하는 과정에서 예상되는 장애나 문제점들을 확인합니다. 모든 해결안은 크든 작든 실행과정에서 장애가 있게 마련이고, 해결안 자체가 새로운 문제를 야기하기도 합니다. 위의 세부안을 실행하는 데는 예산상의 장애가 있을 수 있고 주말 실시에 대해 사원들이 불만을 가질 수도 있습니다. 예상 장애는 제거할 수 있는 것이 있고 제거가 불가능하여 예방대책을 세워야 할 것이 있습니다. 새로이 생기는 문제는 별도의 문제해결 절차를 밟아나가야 할 것입니다.

실행 단계에서 해결안은 액션플랜으로 발전합니다. 액션플랜은 실제로 실행이 가능할 정도로 구체적이어야 합니다. 단순한 아이디어나 추상적인 제안이어서는 실행력을 확보할 수 없습니다. 예상 목표와 기본 방침, '누가, 언제, 어디서, 무엇을, 어떻게' 하는가가 각 세부 실행 항목별로 분명해야 합니다. 실행에 소요되는 자원, 예상 장애를 제거하거나 예방할 대책, 목표 달성도를 측정할 기준 등도 포함됩니다. 이해관계자나 협조·관련 부서가 있을 경우는 이들과의 소통 방법도 명시합니다. 마지막으로, 액션플랜에는 진행 상황을 확인하고 피드백할 수 있도록 '간트 차트(Gantt chart)' 같은 점검표가 첨부되어야 합니다. 이 외에도 해당 액션플랜의 특수한 고려 사항이 있겠습니다.

• 목표와 기본방침	• 세부 실행 항목(육하원칙)
• 소요 자원(예산, 인력 등)	• 장애 제거, 예방 대책
• 목표 달성도 측정 기준	• 이해관계자, 협조 · 관련 부서
• 진행 상황 점검표	• 기타 필요한 사항

tip 11 간트 차트

1919년 미국의 간트(Gantt)가 창안한 것으로, 프로젝트의 일정계획 vs. 실제 진도를 한눈에 파악하여 계획과 통제 기능을 동시에 수행할 수 있는 일종의 진행 상황 점검표이다. 사용 방법이 단순하고 각 업무 사이의 관계를 볼 수 있는 등 장점이 있으나, 작업의 경로를 표시할 수 없는 등 불편한 점도 있다. 프로젝트의 성격에 따라 다양하게 응용하여 사용할 수 있다. 현재에도 중요한 프로젝트를 수행할 때는 많이 사용하고 있다. 특히 건설공사 등 시설 설치 사업에선 대부분 이 차트를 이용하고 있다.

〈간트 차트〉

주별 업무	월	4					5			
	일	1~2	3~9	10~16	17~23	24~30	1~7	8~14	15~21	21~27
	주	1	2	3	4	5	6	7	8	9
계획수립 팀 구성		→								
교육 프로그램 선정			→							
교육 프로그램 기획 및 기획서 제출				→						
희망 교육 프로그램 설문지 작성					→					
설문지 배포						→				
세부 실행계획 수립 및 결재									→	

해결안은 실행을 전제로 마련됩니다. 그러나 무조건 실행되어야한다는 의미는 아닙니다. 비록 학습팀이 힘들여 작성한 해결안이라 하더라도 최종 의사결정권자인 스폰서가 기각한다면 해결안은 수정되거나 폐기될 수밖에 없습니다. 따라서 해결안을 마무리하기 전에 학습팀과 러닝코치는 스폰서가 해결안을 승인할 수 있도록 스폰서와 충분한논의의 기회를 갖도록 노력하여야 합니다. 가능하다면 시뮬레이션이나파일럿 테스트 등 해결안의 성격과 상황에 적합한 방법으로 사전 테스트를 거쳐 승인 가능성을 높이는 것이 좋습니다.

tip 12 액션플랜 사전 시험 기법

- 시나리오(scenario) 기법: 미래를 예측하는 방법 중 하나로 적의 예상행동을 가정한 다음 이에 대한 대응책을 시나리오 형식으로 전개해나가는것이다. 군에서 개발된 방법을 기업경영에 도입한 기법이다. 현재의 상황분석을 바탕으로 앞으로 전개될 미래의 모습을 몇 개의 시나리오로만들어 이에 대한 대비책을 만들어간다.

- 파일럿 테스트(pilot test): 실제 상황을 실현하기 전에 소규모로 테스트해보는 것을 말한다. 대규모 프로젝트를 실행하기 전에 발생할 수 있는여러 가지 변수들을 알고 수정·보완하기 위해 모의로 시행해보는 것을 말한다. 예를 들면, 처음으로 만든 시제품에 대한 수요자의 반응조사로 거리에서 무작위로 뽑은 잠재 수요자를 대상으로 선호도를 조사한다. 전국적인 시행에 들어가기 전에 일부 지역에 먼저 시행하여 결과를 분석한 후 전국적 시행에 들어갈 것인지를 결정한다.

- **프로토타입**(prototype): 양산(量産)에 앞서 제작해보는 원형(原型)을 '프로토 타입'이라 하는데, 프로토타이핑이란 개발자들과 사용자들의 의사소 통상의 효과를 증진시키기 위하여 취하는 시스템개발상의 기법이다. 일반적인 분석방법을 취할 경우 양자 간에 서로 다른 이해를 초래할 수 있으므로 프로토타입이라는 의사소통 도구를 만들자는 것이다. 프 로토타이핑은 그 목적에 따라 여러 가지 형태가 있다.

- **시뮬레이션**(simulation): 복잡한 문제를 해석하기 위하여 모델에 의한 실 험, 또는 사회현상 등을 해결하는 데서 실제와 비슷한 상태를 수식 등 으로 만들어 모의적(模擬的)으로 연산(演算)을 되풀이하여 그 특성을 파악 하는 일을 말한다.

해결안이 최종보고회에서 스폰서의 실행 승인을 얻는다 하더라 도 반드시 실제로 실행된다는 보장은 없습니다. 해결안이 큰 부담 없이 실행 가능하거나, 규모가 작은 조직이고 스폰서가 실패의 모든 부담을 혼자서 질 수 있다면 실행가능성이 높겠지만 현실적으로 그러한 경우는 많지 않습니다. 여러 부서가 관련되어 협조나 합의를 얻는 과정에서, 이 해관계자의 사전 동의를 얻는 과정에서, 예상치 못했던 장애나 문제점 이 추가로 발견되어, 해결안의 추진이 중단되거나 내용이 크게 수정되 는 경우가 있습니다. 심한 경우는 단지 스폰서가 생각을 바꾸거나 타 부 서로 발령이 나서 해결안이 실행되지 못할 수도 있습니다.

최종보고회 전의 실행이든 후의 실행이든 실행에서 중요한 점 은 피드백입니다. 실행 과정에서 끊임없이 진행 상황을 관찰하고 그 결 과를 피드백하여 당초의 액션플랜을 수정해야 합니다. 필요하다면 계획

자체를 폐기하는 용기도 있어야 합니다. 실행 초안에 대한 지나친 확신으로 잘못된 계획에 집착하다가 조직을 위험에 빠뜨리는 결과를 초래하는 경우도 적지 않습니다.

---

tip 13 몰입상승

　명백히 잘못된 의사결정이나 실패가 분명한 일에 끝까지 집착하는 심리 현상을 몰입상승(escalation of commitment)이라 한다. 영국 정부가 사업성이 거의 없는 초음속 여객기 콩코드의 운영을 끝까지 포기하지 못하고 사업을 지속하다가 결국은 막대한 손실을 입고 운행을 정지했던 사례를 들어 '콩코드 오류'라고도 부른다. 부도나기 직전의 사업을 살리려고 친척·친지의 돈을 빌려가며 버티다가 결국은 자살하는 중소기업인의 경우도 비슷한 예이다.

　몰입상승 현상이 발생하는 원인은 '의사결정자의 자기합리화', '도박꾼의 착각', '지각 결함', '매몰비용' 등이다. 잘못된 결정을 내렸다는 사실을 인정하지 못하거나, 성공 확률을 지나치게 높게 계산하거나, 정보나 상황을 자신에게 유리하게 판단하거나, 이미 투자된 자원에 대한 미련을 버리지 못하거나 해서 한 번 시작한 일을 포기하지 못한다는 것이다. 사람은 완벽할 수 없다. 누구나 언제든지 잘못된 판단과 의사결정을 할 수 있다. 그래서 피드백은 모든 일의 실행과정에서 성공 가능성을 높여주고 실패의 가능성을 낮추는 결정적 역할을 한다.

⑤ 문제선정

① 우선순위 결정

우선순위 결정 절차

① 여섯 명이 발표할 순서를 정한다.

② 문제당 시간을 발표 5분, 질의·응답 10분으로 한다.

③ 발표자를 제외한 참가자와 러닝코치는 오직 질문으로만 말한다.

④ 질문은 발표한 내용을 명료하게 하는 데 국한한다.

⑤ 전원이 발표를 끝내면 10분 정도 자유롭게 토의한다.

⑥ 차트에 의사결정 그리드(decision grid)를 그리고 벽면에 붙인다.

⑦ 각각의 문제에 1~6까지 식별번호를 붙인다.

⑧ 제안된 각각의 문제에 대해 여섯 명의 참가자들은 토론 없이 '중요도'와 '긴급성'을 '상·중·하'로 평가하여 포스트잇에 적는다.

⑨ 서기는 결과를 집계(평균)하여 문제 번호를 차트에 표시한다.

⑩ 우상단 모서리를 기준으로 등고선을 그린다.

⑪ 대각선 이하는 제외한다.

⑫ 참가자들 전원이 차트 앞에 모여 간단한 조정 토의를 한다.

⑬ 우선순위가 불명확하거나 합의에 이르지 못하면 '실현가능성'을 기준으로 멀티보팅을 한다.

⑭ 우선순위를 결정한다.

⑮ 1위 문제가 학습팀의 문제로 선정되었음을 선언한다.

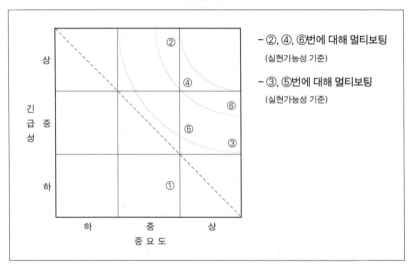

〈의사결정 그리드〉

문제번호	문제명	우선순위	비고
①	업무 시스템 매뉴얼화		제외
②	물류 시스템 개선	2	
③	제품 디자인의 적정수 유지 방안	4	
④	직원 이직률 개선	1	
⑤	프랜차이즈 사업 강화	5	
⑥	생산공정 개선	3	

2 문제기술서 · 문제수행서 작성

　　문제기술서는 문제수행서에 첨부되어 스폰서에게 제시되고 승인을 받습니다. 스폰서는 문제기술서를 통해 문제를 이해하게 되고 필요하면 학습팀과 문제에 대해 토의를 하거나 문제기술서의 수정을 요구합니다. 문제가 선정되면 문제기술서는 학습팀의 심층 분석과 토의를 거쳐 재작성되어야 합니다. 이제 문제의 제안자는 최초의 제안자가 아니라 학습팀이며 원인규명에 들어갈 수 있을 만큼 문제인식을 명료하게 해야 하기 때문입니다. 문제기술서에는 문제인식에 대한 개요만 기록하고 상세한 분석과 토의 내용은 학습일지에 기록하여 학습내용을 리뷰하거나 후일의 보고서 작성의 자료로 사용합니다.

〈문제기술서〉

스폰서: CEO, 팀 명칭: O.K.

문제명	직원 이직률 개선
제안 배경 또는 이유	회사가 설립된 지 10년이 지났고 연매출이 160억 원에 이르며 종업원 수가 100여 명으로 새로운 도약의 시기다. 우리 회사는 사업의 특성상 우수한 인력이 핵심역량이 되어야 하는데 젊은 직원들의 이직률이 높아 조직의 중추가 될 중견인력이 양성되지 않고, 전반적으로 직원들의 업무숙련도가 낮다. 이직률을 낮추지 않으면 조직역량을 강화할 수 없고 회사의 비전을 달성하는 것이 요원해진다. 그동안 이 문제를 제대로 검토한 적이 없다. 지금이 그 시기다.
문제의 정의	금년도 이직률 관리 목표 10% – 현 상태 금년도 예상 이직률 35%
문제의 유형	개선형
최종 산출물	1차: 이직률 개선방안, 2차: 개선된 이직률 현황

〈문제수행서〉

문제명	직원 이직률 개선	
팀 명칭	O.K.	
팀원	서명	비고
김 ○○		팀장
박 ○○		
이 ○○		
연 ○○		
장 ○○		
손 ○○		
수행기간	2011. 1. 5. ~ 2011. 3. 31.	
스폰서 의견		

2011. 1. 25.

스폰서 김 ○○ (인)

③ 다음 세션 준비 및 현장활동

오리엔테이션이 끝나고 지금부터는 본격적인 문제해결 활동에
들어갑니다. 다음 주 세션을 위해 팀장의 주도하에 한 주 동안 할 일을
상의하고 역할을 분담합니다. 먼저, 오리엔테이션 과정에서 정리한 문

제수행서와 문제기술서를 타이핑하여 스폰서의 의견을 듣고 서명합니다. 서명된 문제수행서와 문제기술서는 사이트에 올리고 HRD 담당에게 통보합니다. 만약 스폰서가 문제기술서의 내용에 대해 수정을 요구하거나 문제 자체의 승인을 거부하면 학습팀원들과 러닝코치는 별도의 미팅을 가져 필요한 조치를 취해야 합니다.

다음은, 다음 주 세션을 위해 필요한 자료를 조사하거나 사내외 인사들을 인터뷰합니다. 이런 활동은 매주 끊임없이 하게 됩니다. 역할은 공평하게 분담해야 합니다. 현장활동을 용이하고 결과지향적으로 하기 위해서는 미리 구체적 산출물에 대한 이미지를 분명히 하고 육하원칙에 의한 간략한 활동계획을 작성하는 것이 좋습니다. 이렇게 사전에 꼼꼼히 준비하지 않고 필요한 것을 각자 알아서 조사하자는 식으로 얘기하면 실제 유용한 결과를 산출하기가 매우 어렵습니다. 러닝코치는 이메일이나 전화를 통하여 현장활동이 원활히 이루어지는지 확인하고 격려를 합니다. 필요하면 언제든지 팀원들을 만나 도움을 주어야 합니다.

'O.K.팀'은 다음 세션의 토의를 위해 중소기업의 이직률 현황, 동종 업종의 이직률 현황, 청년들의 직업관, 이직률과 관련 있는 변수, 회사의 과거 수년간의 이직률 현황 등을 조사하고 대학교 은사를 찾아가서 문제해결을 위한 자문을 받기로 합니다. 각자 맡은 일에 대한 구체적 산출물의 이미지(blank note)와 간단한 현장활동 계획을 미리 작성합니다. 문제수행서는 스폰서와 일정을 잡아 팀원 전원이 함께 서명하기로 합니다. 러닝코치도 서명하는 자리에 참석하기로 합니다.

러닝코치의 상황별 질문 예(1)

- 액션러닝과 다른 학습 방법은 어떤 차이가 있을까요?
- 여러분이 지금까지 해오던 문제해결 접근법과 우리가 배운 문제해결 접근법은 어떻게 다른가요?
- 액션러닝의 회의 방법을 통해 무엇을 느꼈습니까?
- 경청과 질문을 주로 하는 토의에서 어려운 점은 무엇인가요?
- 이 과정을 통해 우리는 무엇을 얻을 수 있을까요?
- 어떻게 하면 다른 팀원들을 통해 배울 수 있을까요?
- 팀원들의 관점과 생각이 서로 다른 것을 통해 무엇을 느꼈나요?
- 자신이 제안한 문제가 선정되지 않은 데 대해 어떻게 생각합니까?
- 지금까지 느끼고 배운 것 중에서 실천한 것은 무엇입니까? 그 결과는 어떠했습니까?
- 지금까지 느끼고 배운 것 중에서 당장 실생활에서 실천하고 싶은 것은 무엇입니까?

제 **4** 장

팀학습과 문제해결 활동

❶ 제4세션: 문제현황 분석

〈어젠다〉

시간	활동 내용	담당	비고
14:00~14:20	아이스브레이크/어젠다 협의	코치/팀장	팀 규칙 확인 및 수정
14:20~14:30	지난 세션 내용 리뷰	서기/전원	
14:30~15:00	3분 스피치(조직에의 헌신)	각자	피드백
15:00~15:10	휴식		
15:10~15:20	동영상 시청(변화)	전원	
15:20~16:20	이직률 이해(1)	전원	발표/토의
16:20~16:30	휴식		
16:30~17:30	이직률 이해(2)	전원	발표/토의
17:30~17:40	다음 세션 및 현장활동 준비	팀장/전원	
17:40~18:00	성찰 · 피드백	코치/전원	

　'3분 스피치'는 구성원의 상호 이해를 증진시키고, 발표력을 강화하기 위해 실시합니다. 서로의 비전을 통해 학습하게 되는데, 각자의 성찰에도 크게 도움이 됩니다. 액션러닝에 꼭 필요한 것은 아니지만 효과는 만점입니다. 이것을 어젠다에 넣으려면 참가자들의 동의를 얻거나

사전 양해를 구하는 것이 좋습니다. 자신의 속내를 밝히는 것이 우리의 문화에서는 그리 쉽지 않은 것 같습니다. 필자는 남들 앞에서 말을 하기가 몹시 힘들다는 한 참가자의 호소를 듣고 처음으로 시작했는데 반응이 매우 좋아 계속하고 있습니다. 액션러닝에서 가장 좋았던 내용으로 이것을 얘기하는 참가자들이 많았습니다.

'3분 스피치'는 네 개 세션에 걸쳐 실시합니다. 세션마다 주제를 '우리 부서의 비전', '우리 가족의 비전', '내 삶의 비전'으로 심화시켜나 갑니다. 세션을 거듭할수록 놀랄 만큼 발표력과 성찰 능력이 강화되고 팀워크가 공고해집니다. 앞 참가자의 스피치에 대해 피드백을 해야 하기 때문에 관찰력과 집중력도 향상됩니다. 한 사람의 스피치가 끝나면 다음 차례의 사람이 발표 내용과 태도에 대해 피드백을 하고, 나머지 사람들도 짧은 코멘트를 합니다. 러닝코치는 필요하다고 생각되면 발표 태도에 대해 전문적인 피드백을 합니다.

동영상 시청은 일종의 스폿(spot)입니다. 10분 이내의 짧은 동영상을 편한 자세로 시청합니다. 피곤하거나 지루해할 무렵 교육의 효과가 높은 주제를 시청함으로써 분위기도 전환하고 다음 의제에 대한 몰입도도 높일 수 있습니다. 시청이 끝나면 돌아가면서 짧은 소감을 얘기합니다. 러닝코치는 학습에 도움이 될 만한 다양한 주제의 짧은 동영상을 언제든지 쓸 수 있도록 미리 확보해두는 것이 좋습니다.

이번 세션은 다음 세션에서 원인규명에 들어갈 수 있도록 이직률의 경영상 의미나 제반 현황에 대한 이해를 높입니다. 팀원들은 기본적으로 인사·조직의 전문가가 아니므로 이직률에 대한 사전 지식이 많지 않습니다. 따라서 본격적인 문제해결에 들어가기 전에 문제에 대한 이해도를 높일 필요가 있습니다. 필자는 문제해결 과정에서 사전 지식 없이 바로 해결안 찾기에 골몰함으로써, 오히려 시간을 낭비하고 좋은 해결안에 이르지 못하는 경우를 많이 들어 알고 있습니다. 구성원들은 각자가 조사한 자료와 인터뷰한 내용을 차례로 발표하고 질의·응답합니다. 러닝코치는 발표나 토의 과정에서 내용이 불분명하면 질문을 통해 개입할 수 있지만, 가능하면 팀원들 스스로 파악해나가도록 해야 합니다.

다음 세션에서는 원인규명에 들어갑니다. '왜 우리 회사의 이직률이 높은가?'를 분석합니다. 따라서 현장활동은 원인규명에 필요한 방법과 도구를 숙지하고, 자료와 정보를 습득합니다. 일반적으로 문제해결 방법과 도구는 러닝코치가 제공하는 것으로 알려져 있습니다. 필자의 경험으로는 반드시 그럴 필요는 없습니다. 기본적인 프로세스와 주의 사항은 이미 오리엔테이션에서 학습이 되었으므로 가능하다면 팀원들 스스로 적절한 원인규명 방법과 도구를 사전에 공부하도록 유도할 필요가 있습니다. 스스로 찾아 익힌 내용이 가장 오래 기억에 남습니다. 참고할 책이나 자료를 소개하는 정도는 괜찮습니다.

---

tip 15 러닝코치의 상황별 질문 예(2)

- 우리는 팀 규칙을 잘 지키고 있나요? 더 필요한 규칙은 없을까요?
- 우리의 팀워크는 어떻습니까?
- 이직률에 대해 더 알아야 할 정보나 지식은 어떤 것이 있을까요?
- 현재 우리의 경청 수준은 어떻습니까?

- 우리는 질문 방식으로 토의하고 있습니까?
- 우리 팀이 좀 더 잘 하려면 어떻게 해야 할까요?
- 오늘 학습한 것 중에서 가장 중요한 것은 무엇인가요?
- 다음 세션을 효과적으로 진행하기 위해 무엇을 준비해야 할까요?
- 액션러닝에 참가한 후 어떤 변화가 있나요? 어떻게 도움이 되었나요?
- 우리는 오늘의 목표를 달성했습니까?

② 제5세션: 원인 찾기

〈어젠다〉

시간	활동 내용	담당	비고
14:00~14:20	아이스브레이크/어젠다 협의, 팀 규칙 확인 및 수정	코치/팀장	
14:20~14:30	지난 세션 내용 리뷰	서기/전원	
14:30~15:00	3분 스피치(우리 부서의 비전)	각자	피드백
15:00~15:10	휴식		
15:10~15:30	현장활동 결과 공유	전원	
15:30~16:20	원인 찾기(1)	전원	발표/토의
16:20~16:30	휴식		
16:30~16:40	동영상 시청(코칭대화)	전원	
16:40~17:30	원인 찾기(2)	전원	발표/토의
17:30~17:40	다음 세션 및 현장활동 준비	코치/전원	팀장/전원
17:40~18:00	성찰 · 피드백	코치/전원	

구성원들이 협의하여 원인 찾기의 도구로는 로직트리(logic tree)를 사용하기로 합니다. 현장활동에서 얻은 정보를 토대로 로직트리를 사용하여 '왜 우리 회사의 이직률이 높은가?'에 대한 잠정적인 답을 찾는 것

입니다.

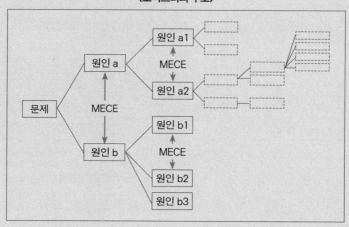

① 일반적으로 이직률에 영향을 미치는 변수에는 어떤 것이 있는지 현장활동에서 얻은 정보를 벽에 붙여둔 차트에 적는다. 제목 '왜 우리 회사의 이직률이 높은가?'는 차트의 맨 위에 적는다.
   - 변수는 '급여', '업무'처럼 한 단어로 적는다.

② 추가할 변수를 브레인스토밍으로 발굴하여 차트에 적는다.

③ 변수로부터 연상되는, '왜 우리 회사의 이직률이 높은가?'에 대한 답을 각자 10개씩 포스트잇에 적는다.
   - 답은 '급여가 적다', '업무량이 많다'처럼 단정적인 문장으로 적는다. 형용사나 부사 같은 수식어는 특별한 사정이 없는 한 사용하지 않는다.

④ 시간은 5분으로 제한한다.

⑤ 포스트잇을 해당 변수의 아래에 이어 붙인다.

⑥ 같거나 유사한 내용은 합친다.

⑦ 차트 앞에 서서 변수와 답을 보며 결과(높은 이직률)에 미치는 영향력의 정도에 대해 토의한다.

⑧ 무시해도 좋을 만큼 영향력이 낮은 답은 차트 우하단의 별도 장소에 옮겨 붙인다.
   - 답을 수렴하는 과정에서 합의가 안 되면 멀티보팅을 한다.

⑨ 중요한 답이 없는 변수는 삭제한다.

⑩ 별도의 차트를 준비한다.

⑪ 변수와 답을 적절한 개수의 카테고리로 대분류하여 차트에 붙인다.

⑫ 같은 카테고리 내에서 다시 소분류한다.

⑬ 소분류된 답들을 인과관계의 시간적 순서에 따라 좌에서 우로 나열한다.

⑭ 맨 우측의 답에 대해 근본원인이 나올 때까지 '왜?'라는 물음을 계속한다.

⑮ 대분류에 전체 내용을 포괄할 수 있는 카테고리 이름을 적는다.

⑯ 근본원인에 대해 충분히 토의하고 카테고리별로 서너 개 이내의 핵심원인으로 압축한다(물론, 필요하면 멀티보팅을 한다).

   – 근본원인을 핵심원인으로 압축할 때는 그 핵심원인만을 토대로 해결안을 마련하여도 문제를 해결할 수 있다는 예측이 가능해야 한다. 핵심원인이지만 회사가 통제할 수 없는 원인은 버린다. 핵심원인의 개수는 원칙적으로는 제한이 없다.

〈원인(가설)트리〉

'왜 우리 회사의 이직률이 높은가?'

1. 경제적   1.1 급여 수준이 낮다.

                          1.1.1 초과근무 수당이 없다.
                          1.1.2 기본급이 낮다.

          1.2 복지 수준이 낮다.

2. 근무환경   2.1 또래가 없다.

                          2.1.1 결혼을 할 수 없다.
                          2.1.2 젊은 여직원이 없다.

          2.2 업무상 스트레스가 심하다.

                          2.2.1 업무가 과중하고 퇴근시간이 늦다.
                          2.2.2 단순 업무만 시킨다.
                          2.2.3 업무 시스템이 미비하다.
                          2.2.4 의견수렴이 안 된다.

          2.3 문화시설이 없다.

3. 관리자 · 경영자　　　3.1 경영자의 리더십이 좋지 않다.

　　　　　　　　　　　　3.1.1 솔선수범하지 않는다.
　　　　　　　　　　　　3.1.2 직원들을 인격적으로 대하지 않는다.

　　　　　　　　　　　3.2 경영자가 비윤리적이다.

　　　　　　　　　　　　3.2.1 근로기준법을 지키지 않는다.

4. 비전　　　　　　　　4.1 경력발전이 안 된다.

　　　　　　　　　　　4.2 학력이 높아 기대치가 높다.

　　　　　　　　　　　4.3 조직문화가 나쁘다.

　　　　　　　　　　　　4.3.1 명령 복종 관계이다.
　　　　　　　　　　　　4.3.2 오로지 실적이다.

다음 세션에서 해결 아이디어를 탐색하기 위해서는 이번 현장활동에서 원인(가설)트리에 대한 검증을 해야 합니다. 팀원들은 가설들을 검증하는 방법으로 지난 3년간 퇴직한 100여 명에 대해 전화 설문조사를 하기로 협의합니다. 설문의 기본 문항은 "당신이 회사를 퇴직한 이유는 무엇입니까?"와 "우리 회사가 꼭 개선해야 할 것은 무엇입니까?"의 두 문항으로 하고, 추가로 가설들을 차례로 묻기로 합니다. 팀원 여섯 명이 100명을 나누어서 조사하기로 합니다. 조사의 결과는 다음 세션에서 종합하기로 결정합니다. 추가로 비슷한 규모의 지역 내 기업을 세 개 선정하여 그 회사 인사담당에게 의견을 듣기로 합니다. 이 일은 평소에 교류가 있는 회사 인사담당에게 부탁하기로 합니다. 마지막으로 팀원들은 설문조사 시의 요령과 매너에 대해 러닝코치에게 조언을 부탁하고 러닝코치는 5분 동안 간단한 설명을 합니다.

러닝코치의 상황별 질문 예(3)

- 현장활동에서 무엇을 느꼈습니까?
- 원인(가설)트리를 보고 무엇을 배웠습니까?
- 가설트리를 검증하려면 어떻게 해야 할까요?
- 우리가 원인을 찾는 과정을 생략하고 이직률을 개선하려 한다면 어떻게 될까요?
- 오늘 배운 것을 실무적으로 어떻게 활용할 수 있을까요?
- 우리의 회의 수준은 처음과 비교하면 어떤가요?
- 우리는 아이디어를 제대로 발산하고 수렴하고 있습니까?
- 오늘 받은 질문 중에서 깊은 성찰에 이르게 한 것은 무엇입니까?
- 만약 이런 일을 팀이 아니라 혼자서 한다면 어떻게 될까요?
- 우리 팀이 가장 잘하고 있는 것은 무엇인가요? 또 가장 못하고 있는 것은 무엇인가요?

③ 제6세션: 가설 검증

〈어젠다〉

시간	활동 내용	담당	비고
14:00~14:20	아이스브레이크/어젠다 협의, 팀 규칙 확인 및 수정	코치/팀장	
14:20~14:30	지난 세션 내용 리뷰	서기/전원	
14:30~15:00	3분 스피치(우리 가족의 비전)	각자	
15:00~15:10	휴식		피드백
15:10~16:00	현장활동(가설검증) 결과 분석	전원	
16:00~16:30	DISC 행동유형 검사(1)	전원	
16:30~16:40	휴식		
16:40~17:30	DISC 행동유형 검사(2)	전원	
17:30~17:40	다음 세션 및 현장활동 준비	팀장/전원	
17:40~18:00	성찰 · 피드백	코치/전원	

　　이번 주 세션은 어젠다에 약간의 변화를 줍니다. 오리엔테이션 마지막 주를 포함하여 지난 3주 동안 문제해결 활동에 전념하였으므로 참가자들은 다소 지치고 지루해합니다. 아무리 대단한 의욕을 가지고

출발했더라도 시간이 경과하면 회의도 생기고 쉬어가고 싶은 생각이 드는 것은 자연스러운 현상입니다. 흥미도 생기고 학습 효과도 높은 프로그램을 삽입함으로써 분위기를 일신할 필요가 있습니다.

먼저 그동안 간단한 게임을 했던 아이스브레이크를 '자기성찰 능력 진단'으로 대체합니다. 필자가 사용하는 도구는 13개 문항에 걸쳐 1~5점 척도로 평가하는 자기보고식 진단지입니다. 자기보고식이기 때문에 진단의 정확성에는 다소 의문을 가질 수 있지만 자기를 돌아보는 계기를 제공하는 데는 효과가 충분합니다. 성찰 능력은 리더십의 중요한 요소이기 때문에 참가자들은 깊은 관심을 보입니다. 진단 결과 일정 점수 이하가 나오면 성찰 능력이 부족한 것으로 판단합니다. 진단을 마치면 결과에 대해 돌아가며 소감을 말하고, 러닝코치는 "성찰 능력을 높이려면 어떻게 해야 할까요?"라고 질문합니다. 필자의 경험상 기준 이상의 점수가 나온 참가자들은 아주 소수였습니다.

다음은 DISC 행동유형 검사입니다. 이 검사는 MBTI와 함께 대표적인 성격검사 도구 중의 하나입니다. 자기보고식이지만 100년 가까이 세계적으로 사용되면서 통계적 검증을 거쳤으므로 검사의 신뢰성과 타당성이 상당히 높다고 할 수 있습니다. 이 검사는 행동유형을 네 가지로만 분류하기 때문에 MBTI보다 분류의 정밀성은 떨어지지만, 다른 사람의 행동유형을 이해하는 데 적용하기 쉬워 실용성의 측면에서는 장점이 있습니다. 따라서 필자는 자기 성격을 정확히 이해하는 데는 MBTI가 낫고, 인간관계에서의 활용성 측면에서는 DISC가 유리하다고 판단합니다. 학습의 측면에서 DISC 검사는 자기와 다른 사람 간의 인지 및 행동 방식상의 차이를 이해하고 상대를 인정·존중할 필요성을 깨닫게 하는 데 상당한 도움을 줍니다. 검사 후 러닝코치는 행동유형의 의의 및 해석 요령에 대해 설명합니다. 참가자들은 무엇을 느꼈는지 돌아가며 얘기합니다.

현장활동(가설검증)의 결과는 팀장의 주도로 종합·분석합니다. 가설 하나하나에 대한 검증 결과를 기록하고 진위를 결정하며 시사점을 도출합니다. 가설검증보고서는 세션이 끝나면 서기가 일지에 첨부하고 사이트에 올립니다. 전체 결과를 요약하면 아래와 같습니다.

〈원인트리〉

'왜 우리 회사의 이직률이 높은가?'

1. 경제적   1.1 급여 수준이 낮다.

               1.1.1 초과근무 수당이 없다. (○)
               1.1.2 기본급이 낮다. (×)
               시사점 : 급여 수준 자체는 낮지 않으나 초과근무 수당을 주지 않는다.

       1.2 복지 수준이 낮다. (○)

               시사점 : 급여 외에 복지혜택이라 할 만한 것이 없다.

2. 근무환경   2.1 또래가 없다.

               2.1.1 결혼을 할 수 없다. (○)
               2.1.2 젊은 여직원이 없다. (○)
               시사점 : 주로 나이든 남자 직원뿐이라서 또래와의 인간관계가 어렵다.

       2.2 업무상 스트레스가 심하다.

               2.2.1 업무가 과중하고 퇴근시간이 늦다. (○)

2.2.2 단순 업무만 시킨다. (○)

2.2.3 업무 시스템이 미비하다. (×)

2.2.4 의견수렴이 안 된다. (○)

시사점 : 창의적으로 일할 분위기가 안 된다. 소통이 어렵다.

2.3 문화시설이 없다. (○)

시사점 : 문화시설이라 할 만한 것이 없다.

3. 관리자 · 경영자

3.1 경영자의 리더십이 좋지 않다.

3.1.1 솔선수범하지 않는다. (○)

3.1.2 직원들을 인격적으로 대하지 않는다. (○)

시사점 : 관리자들이 경직돼 있고 리더십 마인드가 없다.

3.2 경영자가 비윤리적이다.

3.2.1 근로기준법을 지키지 않는다. (○)

시사점 : 관행상 안 지키는 근로기준이 있다.

4. 비전

4.1 경력발전이 안 된다. (○)

4.2 학력이 높아 기대치가 높다. (○)

시사점 : 학력이 높으므로 경력발전에 대한 기대치가 높다.

4.3 조직문화가 나쁘다.

4.3.1 명령 복종 관계이다. (○)

4.3.2 오로지 실적이다. (×)

시사점 : 지시 중심의 조직문화다.

별도의 두 개의 질문 "당신이 회사를 퇴직한 이유는 무엇입니까?"와 "우리 회사가 꼭 개선해야 할 것은 무엇입니까?"에 대해서는 두 질문에 거의 같은 대답이 나와 아래와 같은 순서로 정리되었습니다. 대부분의 응답자가 상위 다섯 개의 답을 언급했습니다. 전체 내용이 위에서 진짜 원인으로 밝혀진 것들의 범위를 벗어나지는 않지만 각 원인의 중요성을 시사하고 있어 의미가 큽니다.

① 비전이 없다(경력이 발전 안 된다, 교육을 안 시킨다).
② 조직문화가 너무 경직되어 있다.
③ 근로기준법을 지키지 않는다(초과근무 수당, 퇴근시간).
④ 단순업무만 시킨다.
⑤ 직원들을 인격적으로 대하지 않는다(반말, 사적 업무 등).

가설이 검증되고 회사의 이직률이 왜 높은지에 대한 진짜 원인이 거의 확인됐으므로 다음 주 세션에서는 각각의 원인에 대한 해결안을 탐색하기로 합니다. 한 주 동안 각자 사내의 의견을 듣고 문헌을 참조하여 해결 아이디어를 수집하기로 합니다. 특히, 근로기준법을 준수하지 않는 사항이 어떤 것들인지 조사하기로 합니다. 이 일은 팀장이 대표로 담당하겠다고 자원합니다.

다음 세션 첫 한 시간 동안 간소한 중간보고회를 갖기로 합니다. CEO와 이사 전원(3명)이 참석 예정입니다. 중간보고회 자료는 시간 절약을 위해 별도로 작성하지 않고 학습일지를 파워포인트로 변환시켜 팀장이 10분 정도 프레젠테이션하고, 팀원들이 개인적 소회를 밝힌 다음 잠시 자유로운 대화 시간을 가집니다. 마지막으로 CEO와 이사들의 피드백을 듣습니다. 러닝코치는 사회를 보고 그간의 관찰 결과를 얘기합니다.

러닝코치의 상황별 질문 예(4)

- 퇴직 사우들의 회사에 대한 감정은 어떤가요?
- 우리가 알고 있는 회사 사정과 가설검증 결과에는 어떤 차이가 있습니까?
- 가설검증 결과가 시사하는 것을 한마디로 한다면 무엇일까요?
- DISC 검사 결과를 보고 팀 동료들에 대해 어떤 점을 느꼈나요?
- 비전은 왜 중요할까요? 비전은 어떤 역할을 할까요?
- 현재의 질문 수준을 처음과 비교하면 어떤 차이가 있나요?
- 동료로부터 피드백을 받을 때 어떤 느낌이 듭니까?
- 우리가 살아가면서 성찰을 하지 않는다면 어떻게 될까요?
- 개인이 학습하는 것과 팀으로 학습하는 것은 어떻게 다른가요?
- 우리의 문제해결은 잘 진행되고 있습니까?

④ 제7세션: 해결안 탐색

〈어젠다〉

시간	활동 내용	담당	비고
14:00~15:00	중간보고회	러닝코치	
15:00~15:10	휴식		
15:10~15:20	지난 세션 내용 리뷰	서기/전원	
15:20~15:50	3분 스피치(내 삶의 비전)	각자	피드백
15:50~16:30	해결안 탐색(1)	전원	토의
16:30~16:45	휴식		
16:45~17:30	해결안 탐색(2)	전원	토의
17:30~17:40	다음 세션 및 현장활동 준비	팀장/전원	
17:40~18:00	성찰·피드백	코치/전원	

해결안을 탐색하기 위해서는 우선 각각의 원인과 시사점을 토대로 문제를 재정의한 후, 재정의된 문제를 해결하기 위한 답을 요구하는 질문을 만듭니다. 이 문제의 경우는 원인이 다양하므로 여기서는 하나만 예를 들겠습니다. '경력 발전이 안 된다'라는 원인은 다음과 같은 문제로 재정의됩니다.

```
┌─────────────────────────────────┐
│   경력 발전을 기대할 수 있다.      │
│            -                    │
│   경력 발전을 기대할 수 없다.      │
└─────────────────────────────────┘
```

질문: 무엇을 어떻게 하면 사원들이 경력 발전을 기대할 수 있을까?

문제를 재정의하고 질문을 만드는 일은 시간을 절약하기 위해 두 명씩 세 개 조로 나뉘어 작업을 합니다. 이 작업은 특별히 토의 과정이나 다양한 의견이 요구되지 않으므로 효율이 우선됩니다. 두세 명씩 조를 짜서 작업하는 것은 액션러닝 전 과정에 걸쳐서 시간이 부족할 경우마다 사안에 따라 언제든지 가능합니다. 러닝코치의 판단이 요구되는 부분입니다.

각각의 원인에 대해 위와 같이 문제와 질문을 만든 후 각각의 질문에 대해 브레인스토밍, NGT, 마인드맵으로 해결 아이디어의 풀(pool)을 만듭니다. 개선형의 문제에서 해결 아이디어는 대부분 원인을 제거하거나 약화 · 강화하는 것입니다. 물론, 원인을 그냥 두고 다른 측면에서 해결안을 찾을 수 있는 것은 당연합니다. 해결 아이디어의 풀을 만들 때 주의할 점은 장애요인을 미리 고려하지 말라는 것입니다. 아이디어 발산 단계에서는 풀을 크게 하는 것이 중요합니다. 장애요인을 미리 고려함으로써 아이디어의 발산이 위축되어 문제해결에 영향력이 큰 아이디어가 아예 나오지도 못하는 우를 범하는 일은 없어야 할 것입니다. 장애요인은 나중에 실행단계에서 따져도 늦지 않습니다. 이 문제의 경우에도 원인 제거에 예산이 필요하거나 경영자의 수용의지가 요구되는 장애가 예상됩니다. 러닝코치는 이 점에 관하여 팀원들에게 사전에 충분히 주의를 주어야 합니다.

해결안 선택

① 세 명씩 두 개 조로 나뉘어 작업한다.

② 하나의 질문에 적어도 세 개의 아이디어를 확보한다.
   - 아이디어는 추상적인 표현을 피하고, '고졸사원의 채용 비율을 늘린다.'와 같이 구체적이고 단정적인 문장으로 표현한다.

③ 각 조는 자기들의 아이디어 풀에 대해 토의하여 아이디어의 개수를 적절하게 줄인다.
   - 토의의 기준은 '효과성과 효율성'이다. 효과성을 판단할 때는 설문 조사에서 얻은 별도의 질문에 대한 답을 고려한다.

④ 팀원 전원이 모여 남은 아이디어에 식별번호를 부여한다.

⑤ '효과성과 효율성'을 기준으로 '상 · 중 · 하' 평가를 한다.

⑥ 결과를 집계하여 의사결정 그리드에 번호를 써 넣는다.

⑦ 의사결정 그리드의 대각선 아래에 있는 아이디어는 차트의 우하단에 기록해 둔다.

⑧ 남은 아이디어의 우선순위를 결정한다.

⑨ 우선순위가 분명치 않거나 합의에 이르지 못하면 '실현가능성'을 기준으로 멀티보팅을 한다.

〈의사결정 그리드〉

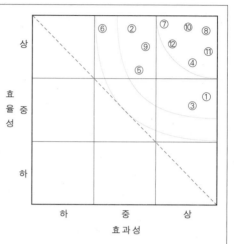

① 초과근무 수당을 지급한다.
② 젊은 여직원 채용 비율을 늘린다.
③ 복지 프로그램을 개발한다.
④ 불필요한 업무를 조사하여 폐지
　 한다.
⑤ 위임전결 규정을 제정한다.
⑥ 제안제도를 만든다(포상).
⑦ 관리자 리더십 교육을 의무화하
　 고 프로그램을 개발한다.
⑧ 경조사 휴가를 실시한다.
⑨ 고졸사원 채용 비율을 늘린다.
⑩ 경력발전 로드맵을 제시한다.
⑪ 사원 교육 프로그램을 개발한다.
⑫ 관리자 평가 요소에 리더십 항목의 가중치를 높이고 일정 점수 이하에 해당하는 관리
　 자는 퇴출시킨다.

---

tip 19 　효과성과 효율성

　　효과성과 효율성은 대안을 평가하는 가장 일반적인 지표이다. 사안에
따라서 다양한 평가지표를 써야 하지만 일반적인 대안은 이것들로 평가
해도 무리가 없다. 효과성은 최종 목표달성도를 의미한다. 매출 목표가
100억 원이고 실적이 80억 원이면 효과성은 80%이다. 목표 달성 과정에
서 자원이 얼마가 들었는지는 따지지 않는다. 무리하게 자원을 투입하여
시장점유율을 늘렸다면 효과성을 평가지표로 삼았다고 볼 수 있다. 적자
가 나도 시장점유율 목표를 달성했다면 만족한다.

　　반면, 효율성은 과정상의 경제성을 평가하는 지표이다. 산출/투입으로
표시한다. 투입 자원으로는 인력, 자금, 시간 등을 들 수 있다. 효율성은
목표달성도에는 관심이 없다. 따라서 효율성이 높더라도 효과성은 낮을

수 있다. 10억 원을 투자하여 20억 원을 버는 것이 100억 원을 투자하여 150억 원을 버는 것보다 효율이 높다. 전자의 효율성은 2이고 후자는 1.5 이기 때문이다.

따라서 특별한 상황에 처해 있거나, 특별한 전략적 목적이 없다면 이 두 지표는 동시에 적용하는 것이 보통이다. 우리는 일반적으로 이 두 용어를 구별해서 쓰지 않는다. 그래서 '효과적이다', '효율적이다'라는 말이 구체적으로 무엇을 의미하는지 잘 알 수가 없다. 그냥 '좋다'의 의미로 이해할 수밖에 없다. 참고로 효율성과 비슷한 표현인 '생산성'은 투입물 단위당 산출물을 표시한다. '1시간에 10개', '한 사람이 하루 100개' 등으로 표현한다. 따라서 1시간에 10개 생산하다가, 1시간에 12개 생산한다면 생산성이 20% 올라갔다고 표현한다.

학습팀원들은 다음 세션 준비를 위한 현장활동으로 12개 항목의 해결안에 대해 담당 이사와 CEO의 의견을 듣고 CEO에게 해결안의 잠정 승인을 요청하기로 협의합니다. CEO가 실행을 잠정 승인한 해결안에 대해서는 두 개 조로 나뉘어 액션플랜 초안을 작성합니다. 담당이사와 CEO와의 면담에는 팀원 중 관련 업무 담당인 총무부장과 기획부장이 참석합니다. 러닝코치도 함께 참석하여 의견을 제시하고 자문에 응하기로 합니다. 액션플랜 초안 작성에 자료조사와 사내 의견수렴 등 많은 시간이 필요하므로 다음 세션은 2주 후에 열기로 협의합니다.

러닝코치의 상황별 질문 예(5)

• 우리 팀은 해결안 탐색 작업에 얼마나 효율적이었습니까?

• 의견을 조율하는 데 어떤 어려움을 느꼈나요?

• 초안 작성에 더 필요한 자료나 정보에는 어떤 것들이 있을까요?

• 팀원들의 전체 의견과 자신의 의견이 다를 때 무엇을 느꼈나요?

• 우리는 각자 팀의 활동에 어떻게 기여하고 있습니까?

• 액션러닝에 참가한 후 부서 직원들이 여러분에게 뭐라고 합니까? 긍정적인 얘기는 무엇이고 부정적인 얘기는 무엇입니까?

• 질문을 받으면 어떤 느낌이 듭니까?

• 액션러닝에 참가한 후 가족들을 대할 때 달라진 점은 무엇입니까?

• 가족들이 당신의 변화에 대해 어떤 얘기를 하나요?

• 액션러닝의 어떤 것이 가장 도움이 되나요?

5 제8세션: 액션플랜 작성

<어젠다>

시간	활동 내용	담당	비고
14:00~14:20	아이스브레이크/어젠다 협의, 팀 규칙 확인 및 수정	코치/팀장	
14:20~14:30	지난 세션 내용 리뷰	서기/전원	
14:30~15:20	액션플랜 작성(1)	각자	
15:20~15:30	휴식		
15:30~15:40	창의력 테스트	전원	
15:40~16:20	액션플랜 작성(2)	전원	
16:20~16:30	휴식		
16:30~17:20	액션플랜 작성(3)	전원	
17:20~17:30	휴식	팀장/전원	
17:30~17:40	다음 세션 및 현장활동 준비	팀장/전원	
17:40~18:00	성찰 · 피드백	코치/전원	

이번 주 세션은 해결안에 대한 담당이사와 CEO의 의견(전체 해결안에 대해 실행을 잠정 승인함)을 토대로 액션플랜을 작성합니다. 미리 준비된 초안과 제3장에서 논의한 '액션 플랜에 포함될 내용'에 대해 충분히 토의하고

실제 작성에 들어갑니다. 액션플랜의 작성은 우리가 회사에서 팀을 꾸려 계획안을 만들 때와 똑같으므로 여기서 특별히 언급할 것은 없습니다. 다만, 액션플랜의 작성에 많은 시간이 소요되는 해결안(의사결정 그리드상의 3, 4, 5, 10, 11번)은 목표, 방침 및 주요 일정을 밝히는 수준으로 하고, 나머지는 최종 승인이 되면 시행할 수 있도록 구체적으로 작성합니다.

작업은 두 개 조로 나뉘어 합니다. 해결안이 총무부와 기획부의 업무이므로 총무부장인 팀원과 기획부장인 팀원이 각 조의 조장이 됩니다. 액션플랜은 최종보고회에서 보고자료로 사용할 수 있도록 직접 PC에 작성합니다. 액션플랜의 작성은 상당히 전문적인 작업이므로 러닝코치가 관련 분야에 지식과 경험이 있으면 적극적으로 조언하고 자문에 응합니다.

학습팀은 현장활동 계획을 협의하면서 즉시 시행이 가능한 세 개의 해결안(초과근무 수당 지급, 제안제도 시행, 경조사 휴가 실시)은 최종보고회 전에 담당이사와 CEO의 승인을 얻어 시행에 들어가기로 결정합니다. 몇 개의 액션플랜에 대해서는 추가로 사내 의견수렴과 자료조사가 필요하다는 의견이 있어 역할을 분담하고 블랭크 차트를 작성합니다.

---

tip 21 러닝코치의 상황별 질문 예(6)

- 액션플랜을 작성할 때 핵심 포인트는 무엇인가요?
- 이해관계자나 영향을 받을 사람들의 입장을 어떻게 하면 배려할 수 있을까요?
- 오늘 우리는 무엇을 배웠습니까?
- 해결안의 진정한 수혜자는 누구일까요?

- 지금까지의 과정을 통해서 배운 것 중 무엇이 가장 중요합니까?
- 여기에서 학습한 것을 어떻게 활용하고 있습니까?
- 문제를 해결하면서 전문가와 비전문가의 차이를 어떻게 느꼈습니까?
- 액션러닝이 종료되면 무엇을 더 학습하고 싶습니까?
- 이 과정을 통해서 여러분의 리더십은 어떻게 변했습니까?
- 해결안이 전부 시행되면 회사가 어떻게 변화할까요?

6 제9세션: 최종보고서 작성

〈어젠다〉

시간	활동 내용	담당	비고
14:00~14:10	아이스브레이크/어젠다 협의	코치/팀장	
14:10~14:20	지난 세션 내용 리뷰	서기/전원	
14:20~15:00	액션플랜 수정	전원	
15:00~15:10	휴식		
15:10~16:00	최종보고서 작성(1)	전원	
16:00~16:10	휴식		
16:10~17:00	최종보고서 작성(2)	전원	
17:00~17:10	휴식		
17:10~17:40	사후평가	HRD/전원	
17:40~18:00	성찰 · 피드백	코치/전원	

아이스브레이크 대신 팀장이, 즉시 시행하기로 한 세 개의 해결안이 CEO의 승인을 얻어 시행에 들어갔음을 보고하고 다함께 축하합니다. '이직률 개선'처럼 다양한 해결안이 나오는 문제는 O.K.팀처럼 그중 몇 개라도 최종보고회 전에 시행에 들어갈 수 있도록 사전에 치밀한 준

비를 하고 스폰서와 긴밀한 의사소통을 할 필요가 있습니다. 실행력을 높이는 것이 이후에 액션러닝을 전사적으로 확산시키는 지름길입니다.

현장활동에서 수집한 자료와 사내 의견을 토대로 액션플랜을 수정하고 최종보고서의 작성에 들어갑니다. 최종보고서 작성은 그간의 일지와 액션플랜을 기초로 20분 정도 프레젠테이션을 할 수 있는 내용으로 구성합니다. 20분은 액션러닝팀이 하나일 때 적당한 시간이고 다수의 팀이 보고해야 할 때는 스폰서와 관계자들의 주의를 유지시키기 위해 팀당 10분을 넘지 않는 것이 바람직합니다.

그간 학습일지를 꼼꼼히 작성하였다면 최종보고서 작성에 특별한 어려움은 없을 것입니다. 주의할 점은 학습팀원들이 그간 무엇을 어떻게 배우고 느꼈는지, 액션러닝에 참가한 후 팀원들에게 어떤 변화가 있었는지를 잘 부각시키는 일입니다. 문제해결 부분은 구체적 산출물이 있어 누구나 그 과정과 결과를 쉽게 이해할 수 있지만 학습 부분은 눈에 보이지 않아 구체화시키기가 결코 쉽지 않기 때문입니다.

러닝코치는 작성의 전 과정에 실질적 도움을 주어야 합니다. 보고서 순서와 항목을 팀원들과 협의하고 내용 구성에도 기술적 조언을 할 필요가 있습니다. 그간의 노력과 성과에 대한 평가는 학습팀원들만 받는 것이 아니기 때문입니다. 보고서의 목차와 내용 구성 등에 대한 구체적 사항은 우리가 회사에서 일상적으로 하는 것과 별반 다르지 않으므로 여기서 더 이상 언급하는 것은 의미가 없겠습니다.

마지막으로, 최종보고회 전에 해야 할 사항을 점검합니다. 학습팀원들은 학습일지와 개인별 종합성찰보고서를, 러닝코치는 팀과 개인에 대한 관찰보고서를 HRD 담당에게 제출해야 합니다. 팀장이 보고서를 정리하면 PT 리허설 시간을 가지기로 하고 일정을 잡습니다. 리허설에는 러닝코치도 참석하여 피드백을 하기로 합니다.

tip 22 **러닝코치의 상황별 질문 예(7)**

- 액션러닝에서의 경험과 학습 내용을 어떻게 활용할 생각입니까?
- 처음 시작할 때의 개인별 목표를 달성하였나요?
- 돌이켜보면 우리는 어떤 팀이었나요?
- 아쉽거나 부족한 점은 무엇인가요?
- 우리는 팀의 목표를 달성하였나요?
- 다시 액션러닝에 참가한다면 어떻게 팀에 기여하고 싶습니까?
- 팀 동료들은 어떻게 도움을 주었나요?
- 문제해결 프로세스는 여러분의 업무에 어떤 도움을 줄 수 있나요?
- 코치의 어떤 점이 도움이 되었나요?
- 코치가 어떻게 했으면 여러분에게 더 많은 도움이 되었을까요?

7 제10세션: 최종보고회

<어젠다>

시간	활동 내용	담당	비고
14:00~14:10	아이스브레이크	코치	
14:10~14:50	성찰·피드백(종합)	코치/전원	
14:50~15:00	휴식		
15:00~15:50	협상 특강(외부 강사)	전원	
15:50~16:00	휴식		
16:00~16:50	협상 특강(외부 강사)	전원	
16:50~17:00	휴식		
17:00~18:00	최종보고회	HRD/전원	

최종보고회는 HRD 담당이 액션러닝 운영 경과 및 종합 성과보고를 한 후 학습팀장이 학습 및 문제해결 결과에 대한 프레젠테이션을 합니다. CEO와 참석 이사들이 피드백을 하고 나면 CEO는 그 자리에서 각 해결안에 대한 승인·기각·수정·보류의 결론을 내립니다. 그간의 노고에 대한 격려·감사·축하 인사와 함께 대단원의 막이 내립니다.

읽을 도서 목록

숙련된 러닝코치가 되는 데 꼭 필요한 지식을 쌓기 위해 무얼 읽으면 될까 하고 필자 나름대로 숙고를 거듭하여 30권의 책을 골랐다. 소설이나 만화가 아니니 읽기가 만만치는 않을 것이다. 전공과 지향에 따라 어떤 책은 여러 번 봐야 할 수도 있고, 외우다시피 해야 할 것도 있을 것이다. 한 분야의 전문가가 되는 일이 쉽기만 하겠는가? 필자도 당연히 다르지 않다. 아둔한 머리로 '읽고 생각하고, 읽고 생각하고'를 계속할 수밖에.

- 《제5경영》, 피터 센게, 안중호 역, 세종서적, 1996
- 《초 학습조직 구축법》, 마이클 마쿼트, 유영만 역, 창현출판사, 1997
- 《학습조직의 이론과 실제》, 삼성경제연구소 편, 21세기북스, 1997
- 《지식창조회사》, 노나카 이쿠지로, 장은영 역, 세종서적, 1998
- 《노나카의 지식경영》, 노나카 이쿠지로, 현대경제연구원 역, 21세기북스, 2010

앞의 책들은 학습조직과 지식경영을 이해하기 위한 기초적인 것들이다. 《제5경영》과 《지식창조회사》는 필독을 권한다. 둘 다 현재 절판됐다. 도서관에서 빌리는 수밖에. 《제5경영》은 원문도 어렵지만 번역이 난해하므로 가능하면 원서를 읽는 것이 바람직하다.

- 《거시조직이론 개정4판》, 김인수, 무역경영사, 2007
- 《조직행동연구 제4판》, 백기복, 2008, 창민사
- 《Leadership In Organizations 6th Ed》, Gary Yukl, Pearson Education Inc., 2006
- 《Diagnosing and Changing Organizational Culture》, Kim S. Cameron & Robert E. Quinn, Jossey-Bass, 2006

조직과 조직에서의 인간 행동을 이해하기 위해 필요한 책이다. 위 두 권은 대학 교재이다. 굳이 이 책들이 아니라도 상관 없지만 최소한의 이론적 지식이 필요할 것이다. 나머지 두 권은 적당한 국내 저작을 알 수 없어 원서를 추천하게 됐다. 조직에서의 리더십과 조직문화를 한 권으로 파악할 수 있는 수준 높은 책들이다.

- 《글로벌 경쟁시대의 경영전략 3판》, 장세진, 박영사, 2003
- 《마케팅 바이블》, 돈 아이코부치, 원유진 역, 세종서적, 2003
- 《MBA 에센스》, 우치다 마나부, 곽해선 역, 매일경제신문사, 2002

전략에 대한 기초적인 지식을 쌓을 수 있는 책들이다. 첫째 것은 국내에서, 둘째 것은 국내외에서 MBA 과정의 교재로 쓰인다. 전략을 제

대로 이해하지 못하면 문제해결에 대한 통찰을 기대하기 어렵다. 셋째 것은 경영·경제에 대한 개론적 지식을 필요로 하는 독자들을 위해 선정했다. 경영학을 전공하지 않은 사람이 MBA 과정에 지원했을 경우 예비지식을 쌓는 데 도움이 되는 책이다. 비전공자에게 필독을 권한다.

- 《행동경제학》, 도모노 노리오, 이명희 역, 지형, 2007
- 《통찰력》, 게랄드 트라우페터, 노선정 역, 살림Biz, 2007
- 《판단력 강의 101》, 데이비드 핸더슨, 이순희 역, 에코의 서재, 2006
- 《생각의 지도》, 리처드 니스벳, 최인철 역, 김영사, 2009
- 《중국의 품격》, 러우위리에, 황종원 역, 에버리치홀딩스, 2011

인간의 인지 구조, 판단력, 의사결정에 관한 이해를 넓혀주는 책들이다. 부담없이 재미있게 읽을 수 있다. 이런 류의 책들은 수없이 많으나 그중 쓸 만하여 일독을 추천한다. 《중국의 품격》은 동양사상에 관한 통서인데 넣을 곳이 마땅치 않아 여기에 두었다. 유불선(儒佛仙)에 관해 두루 읽으면 좋겠지만, 새겨 읽으면 이 한 권으로도 얻는 것이 많다. 필자는 조직과 사람을 이해하는 데 동양사상에 관한 소양은 필수적이라 생각한다. 필독을 권한다.

- 《문제해결사》, 유정식, 지형, 2011
- 《창의적 문제해결과 의사결정》, 김상수·김영청, 도서출판청람, 2011
- 《경쟁에서 승리하는 경영전략》, 서기만, 청림출판, 2002

문제해결 프로세스와 도구를 학습하는 데 도움이 된다. 연구가가 아니라면 지나치게 전문적이거나 이론적인 책은 큰 도움이 안 된다. 위의 책들은 비전문가라도 누구나 쉽게 읽을 수 있다. 특히,《문제해결사》는 사례가 풍부하고, 설명이 쉽고 자세하며 재미있다. 필자가 이 책을 쓰면서 많은 아이디어를 빌렸다. 필독을 권한다.

- 《공공부분에 효과적인 액션러닝 도입방안》, 황성원 · 김윤수, 한국행정연구원, 2005
- 《액션러닝의 힘》, 마이클 마쿼트, 이태복 역, 패러다임, 1996
- 《액션러닝의 성공원칙》, 이태복 · 최명숙, 패러다임, 2008
- 《액션러닝과 조직변화》, 김미정 · 유영만, 교육과학사, 2007
- 《현장중심 액션러닝 변화혁신 리더십》, 천대윤, 북코리아, 2008
- 《체계적 액션러닝》, 박수홍 · 안영식 · 정주영, 학지사, 2010
- 《성공하려면 액션러닝하라》, 봉현철, 행성:B웨이브, 2011
- 《Action Learning Workbook》, 봉현철, 다산서고, 2006
- 《비즈니스 성과 중심의 액션러닝》, 유리 보쉭, 이태복 역, 물푸레, 2003
- 《액션러닝 가이드북》, 윌리엄 로스웰, 김미정 외 역, 다산서고, 2002

위의 도서들은 액션러닝에 관해 국내에서 출판된 것들 중에서 필자가 구할 수 있었던 것 전부이다. 이걸 모두 읽어야 한다고? 전문코치가 되고자 한다면 필자는 'Yes'라고 말하고 싶다. 당장은 아니더라도 장기적으로는 액션러닝에 관해 알 만큼은 알아야 하지 않을까? 숙련된 러닝코치가 되는 데 나 혼자의 경험만으로는 위험할 수밖에 없다. 다른 코치들의 경험과 학자들의 견해를 아는 만큼 나의 경험은 성찰의 은혜를 입을 수 있을 것이다. 위의 책들은 어느 정도 내용이 중복되지만 다양한 관점과 경험을 읽을 수 있다. 필자의 책에서 부족한 많은 것을 채울 수 있을 것이다. 특히,《액션러닝 가이드북》과 몇 권은 각종 체크리스트와 워크시트 및 질문 예들이 실려 있어 실무적으로 상당한 도움이 될 것이다.